ADAC
Reiseführer

Brandenburg

Potsdam Havelland Spreewald

Von Ralf Roland

EIN
ADAC
BUCH

Inhalt

Inselstadt Werder – Havellandidyll, Zentrum
des Obstbaus und, besonders zur Baumblüte,
ein viel besuchtes Ausflugsziel

Reich gegliedert und gestaffelt – Backstein-giebel in Heiligengrabe bei Wittstock

Geboren in Neuruppin, berühmt geworden als Romancier – Theodor Fontane

Inhalt

Erholsam – Kahntour mit Chauffeur im verzweigten Wassernetz der Spree

Gruppenbild alljährlich wiederkehrender Gäste – Brandenburg wirkt anziehend

Dies und Das

Ostsee-Feeling am Spremberger See – eine Badewanne mit kilometerlangem Strand

Brandenburg aktuell A bis Z

Lustvoller Aufstieg – nur die Hermen tragen schwer in Sanssouci

Schlösser, Parks und 3000 Seen

»Wer in die Mark reisen will, der muss zunächst Liebe zu Land und Leuten mitbringen, mindestens keine Voreingenommenheit. Er muss den guten Willen haben, das Gute zu finden, anstatt es durch krittliche Vergleiche totzumachen.«

Theodor Fontane: ›Wanderungen durch die Mark Brandenburg. Die Grafschaft Ruppin‹.

Hektik, Staus und quirliges Leben gehören zu einer Großstadt, zu Berlin allemal, das sich – wie die Spinne im Netz – im Zentrum Brandenburgs breitmacht. Wollen die Berliner dem Großstadtgewühl entfliehen, fahren sie nach ›jwd‹, was ›janz weit draußen‹ heißt. Jwd ist alles, was sich vor den Toren der Stadt befindet, und im Besonderen Brandenburg, wo die Berliner S-Bahn-Linien enden und die der Ausflugsschiffe beginnen. Berlin ist regelrecht umzingelt von den brandenburgischen **Ausflugsgebieten**, von Wald und einer Menge Wasser. Große Landesteile stehen als Naturpark, Biosphärenreservat sowie Nationalpark unter Schutz. Keine andere europäische Metropole hat vor ihren Toren solch eine vielseitige und teilweise noch ursprüngliche Natur wie Berlin! Blühender Raps duftet, Mohnblumen leuchten knallrot, Hühner gackern, Störche kreisen über Kanälen, auf denen Boote schaukeln.

Die Gletscher der letzten Eiszeit haben den Boden Brandenburgs zu einer reizvollen **Hügellandschaft** zusammengeschoben. Ihre ausgedehnten **Wälder** gelten als wahre Beerenparadiese, Himbeeren, Brombeeren und auch Heidelbeeren sind eimerweise zu pflücken, im Herbst bescheren sie reiche Pilzernte. **Kanäle und Flüsse** durchziehen das Land, rund 8000 km davon sind mit dem Paddelboot befahrbar, etwa 1600 km mit dem Haus- oder Motorboot. Und dann noch die **Seen**! Etwa 3000 gibt es, große und kleine, auf etlichen drehen Fahrgastschiffe ihre Runden, Badespaß bieten fast alle. Und noch mehr: Angler ziehen Aal und Zander, Blei und Karpfen an Land, auch Hechte beißen an. Brandenburg ist das **wasserreichste Bundesland** Deutschlands!

Lange Zeit besaß die Mark Brandenburg den abwertenden Ruf als Streusand-

Oben: *Die Haube ist Spitze – in der Niederlausitz wird das sorbische Brauchtum gepflegt*

Rechts: *Wasser, Wasser und kein Ende – die Oder, hier bei Küstrin, bildet Brandenburgs östliche Grenze*

Rechts oben: *Er ist der Höchste – ein Mandarin bekrönt das Chinesische Haus im Park Sanssouci*

büchse des Heiligen Römischen Reiches. Zu Unrecht, wie als Erster der Romancier **Theodor Fontane** feststellte. Im 19. Jh. setzte er sich in die Kutsche und begab sich auf Reisen, um – wie er schrieb – seinen »Landsleuten zu zeigen, dass es in ihrer Nähe auch nicht übel sei, dass es in der Mark Brandenburg auch historische Städte, alte Schlösser, schöne Seen, landschaftliche Eigentümlichkeiten und Schritt für Schritt tüchtige Kerle gebe.« Was Fontane fand, veröffentlichte er ab

1862 in seinen ›Wanderungen durch die Mark Brandenburg‹. Die vier Bände wurden zum Bestseller in der deutschsprachigen Reiseliteratur, sie haben Generationen von Menschen neugierig gemacht und zu Erkundungen angeregt, sie fordern zum Vergleich: Wie hat Fontane zu seiner Zeit die Gegend gesehen, was hat sich verändert?

Märkisch steht für brandenburgisch

Märkisches Land, märkische Heide, märkische Butter … und nicht zuletzt Fontanes ›Wanderungen‹: Alles spricht von der Mark, die es aber schon zu Fontanes Zeiten nicht mehr gab. Mark war früher die Bezeichnung für Grenzland. Von der Nordmark aus begann im 12. Jh. die Eroberung der Gebiete östlich der Elbe.

Aus der Nordmark wurde ab etwa 1400 die Altmark (heute zu Sachsen-Anhalt gehörend), die neuen Gebiete nannte man Mittelmark (zwischen Elbe und Oder) und Neumark (östlich der Oder, seit 1945 zu Polen gehörend). 1815 verschwand die Mark als verwaltungspolitische Einheit, es entstand die preußische Provinz Brandenburg. Heute steht märkisch für brandenburgisch, Märker für Brandenburger. Lediglich die Historiker stoßen sich daran. Denn die Grenzen des Bundeslandes Brandenburg und die der historischen Mark stimmen oftmals nicht überein. Schon allein dadurch, dass das einstige Zentrum der Mark nicht mehr dazugehört: Berlin wurde 1920 aus der Provinz Brandenburg ausgegliedert und als ›Groß-Berlin‹ selbstständig.

Durch grüne Tunnel

Zu den Sehenswürdigkeiten des Landes führen vielfach herrliche Alleen. 12 000 km lang sind sie in Brandenburg – mehr kann kein anderes Bundesland in

Oben: *Himmelstürmende Backsteingotik – Kloster Chorin ist einen Besuch wert*

Unten: *Wer reitet durch die Eiseskälte? – der Alte Fritz in Sanssouci*

Links oben: *Sinfonie der Farben im Schlaubetal – buntgewandete Natur umfängt blendende weiße Fachwerkkirche*

Links Mitte: *Kulturspektakel in Rheinsberg – die Kammeroper führt die ›Entführung aus dem Serail‹ auf*

Links unten: *Kirschblüte in Werder – sie zieht alljährlich Besucher ins havelländische Obstbaugebiet*

Typisch für Brandenburg sind auch Niederungslandschaften, eine der markantesten ist das **Oderbruch**. »Alle Jahre stand das Bruch unter Wasser«, schrieb Fontane, »dann glich die ganze Niederung einem gewaltigen Landsee, aus welchem nur die höher gelegenen Teile hervorragten (…)«. Friedrich II., der Brandenburg-Preußen zur europäischen Großmacht formte und deshalb als der Große in die Geschichte einging, ordnete die Entwässerung und Urbarmachung an. Er brauchte das 60 km lange und bis zu 15 km breite Oderbruch als Acker- und

Deutschland vorweisen. Wie ein grünes Band ziehen sie sich kilometerweit durch die Landschaft. Auch in den **Spreewald** weisen sie den Weg, in dem es Straßen besonderer Art gibt, Fließe genannt. Im Spreewald sind viele Gehöfte, Ackerflächen und Wiesen nur auf dem Wasser erreichbar. Die Kuh wird im Kahn zur Weide gebracht, die Postfrau kommt mit dem Kahn. Und Tausende von Touristen genießen im Kahn die himmlische Ruhe auf den Fließen. Der Spreewald ist ein in Europa einmaliges Wasserlabyrinth, einmalig sind hier auch, wie ebenfalls im nahen Cottbus, die zweisprachigen Orts- und Straßenschilder. Spreewald und Niederlausitz sind die Heimat der Sorben, einer nationalen Minderheit.

Etwa 600 **Schlösser** und **Herrenhäuser** stehen rund um Berlin, die meisten Eigentümer wurden 1945 und 1946 im Rahmen der Bodenreform enteignet und haben, so sieht es der Vertrag von 1990 zur deutschen Einheit vor, keinen Anspruch auf Rückübertragung. Genutzt werden die Schlösser als Hotels, vor allem aber als Museen wie in **Potsdam**. Das von Friedrich dem Großen skizzierte Lustschloss **Sanssouci** wurde zum bekanntesten Bauwerk der einzigartigen Kulturlandschaft in und um Potsdam. Die UNESCO hat sie zum Weltkulturerbe erklärt. Aus aller Welt reist man in die brandenburgische Landeshauptstadt, um – wie einst Preußens Könige und Deutschlands Kaiser – durch die Schlösser und Parks zu spazieren. Potsdam gilt aber auch als Symbol für den preußisch-deut-

Weideland. Als 1763 die Gräben und Wälle fertig waren, freute sich der König: »Hier habe ich im Frieden eine Provinz erobert, ohne einen Mann zu verlieren«.

Große Namen, bedeutende Werke

Prachtvolle Landschaftsparks bereichern die ohnehin vielseitige Landschaft Brandenburgs. **Peter Joseph Lenné** und **Hermann Fürst von Pückler-Muskau** haben vor allem in Potsdam und Branitz bei Cottbus Kleinode der Landschaftsgestaltung geschaffen. Was beide modelliert haben, gehört zu den bleibenden Werken im Land. Viele **Geistesgrößen** – Wissenschaftler, Künstler, Baumeister, Dichter – haben Brandenburg weithin bekannt gemacht, so die Dichter *Heinrich von Kleist, Theodor Fontane* und *Ehm Welk*, die Baumeister *Georg Wenzeslaus Knobelsdorff* und *Karl Friedrich Schinkel*.

schen Militarismus: Am Abend des 1. August 1914 unterzeichnete Kaiser Wilhelm II. im Neuen Palais die Verkündigung des Kriegszustandes und mit einer Rede Adolf Hitlers zum ›Tag von Potsdam‹ am 21. März 1933 in der nicht mehr vorhandenen Hof- und Garnisonkirche begann die Tragödie der Neuzeit. Den Schlusspunkt setzten die Siegermächte zwölf Jahre später im Schloss Cecilienhof mit dem **Potsdamer Abkommen**.

Von Mond- zu Seenlandschaften

Seit Mitte des 19. Jh. wird in der Niederlausitz **Braunkohle** in großen Mengen abgebaut. Der Bergbau hat die über Jahrhunderte gewachsenen Landschaftsstrukturen erheblich verändert, nicht nur Wälder verschwanden, auch Straßen und Dörfer. Riesige Braunkohlebagger wühlten sich in die Erde, um das braune Gold hervorzuschaufeln. Zurück blieb eine Landschaft, die der des Mondes ähnelt. Die DDR erwirtschaftete 1989 ein Sechstel des Welt-Braunkohleab-

Oben: *Tischleindeckdich im Spreewald –
hier wird sogar im Kahn diniert*

Unten: *Brandenburg aus der Luft erleben –
einsteigen zur Rundfahrt über Fontaneland!*

Links oben: *Sammelpunkt in Chorin –
Radfahrer haben es leicht in der sanft
gehügelten Mark*

Links Mitte: *Störche haben es gut im
Land Brandenburg – für sie gibt es genug
Feuchtgebiete*

Links unten: *Farbenprächtiges Spree-
waldidyll – reetgedeckt sind die typischen
Blockhäuser der Spreewälder*

baus. Seit der Wiedervereinigung ist jener
drastisch zurückgefahren worden, die
ausgekohlten Flächen werden verstärkt
rekultiviert. Bis 2010 ist die Lausitz
Schauplatz der **Internationalen Bau-
ausstellung Fürst-Pückler-Land (IBA)**,
in deren Mittelpunkt das Thema ›Landschaft‹ steht. Erstmals wurde die Bau-
ausstellung ›von unten‹, aus der Region
heraus, ins Leben gerufen. Sie soll als
Ideengeber fungieren, ihr Kernstück ist
die im ehemaligen Braunkohlerevier aus
gefluteten Tagebaustätten entstehende
Lausitzer Seenplatte.

Natur, Geschichte und Architektur
werden in Brandenburg erlebbar. »Das
Beste aber«, meinte Fontane seinerzeit,
»dem du begegnen wirst, das werden die
Menschen sein, vorausgesetzt, dass du
dich darauf verstehst, das rechte Wort für
den gemeinen Mann zu finden (…) lass
dir erzählen von ihm, von seinem Haus
und Hof, von seiner Stadt oder seinem
Dorf (…).«

Der Reiseführer

Dieser Band stellt Brandenburg in all seinen Facetten vor. Die Sehenswürdigkeiten wurden entsprechend den Reiseregionen in **sechs Kapitel** gegliedert, jedes
Kapitel für sich bildet eine Route. **The-
menkästen** und **Praktische Hinweise** zu
Auskunftsstellen, zu ausgewählten Hotels und Restaurants bieten weitere uner-
lässliche Informationen. Die **Top Tipps**
gewährleisten ein schnelles Auffinden
der Highlights, das bewährte **Nummern-
system**, etliche **Stadtpläne** und präzise
Karten in den Umschlagklappen machen den Reiseführer übersichtlich und
leicht handhabbar. Der **Aktuelle Teil**
bringt alphabetisch geordnet Nützliches
– u. a. zu den Themen Anreise, Essen und
Trinken sowie Feste.

Geschichte, Kunst, Kultur im Überblick

Slawen und Askanier

um 500 v. Chr. Germanen besiedeln das Land. Sie verlassen es später im Verlauf der Völkerwanderung wieder.

um 650 Slawen wandern in das menschenleere Gebiet zwischen Oder und Elbe ein.

928/29 König Heinrich I. erobert die slawische Hauptfestung Brennabor (Brandenburg) an der Havel.

948 König Otto I. gründet das Bistum Brandenburg, die Christianisierung der Slawen beginnt.

983 In einem großen Aufstand erlangen die Slawen ihre Unabhängigkeit zurück und verteidigen sie bis ins 12. Jh.

993 Erste Nennung Potsdams (Poztupimi) in einer Schenkungsurkunde Kaiser Ottos III.

1157 Der Askanierfürst Albrecht der Bär nennt sich erstmals (vielleicht schon 1142) Markgraf von Brandenburg, zur Kolonisation des Landes gründet er Zisterzienserklöster (1180 Lehnin). Die Slawen wehren sich gegen die Unterwerfung, doch die Askanier können ihre Herrschaft festigen.

um 1170 Die erste Stadtgründung erfolgt mit der Neustadt Brandenburg auf dem südlichen Havelufer.

Markgraf Albrecht der Bär (um 1100–1170) erstürmt 1150 die slawische Feste Brennabor und besetzt Brandenburg

um 1200 Die Askanier dehnen ihren Herrschaftsbereich bis an die untere Oder bei Oderberg aus.

1231 Die Markgrafenbrüder Johann I. und Otto III. werden durch Kaiser Friedrich II. offiziell mit ihrem Herrschaftsgebiet belehnt.

um 1245 Die Askanier erobern Mittenwalde, Teupitz und Königs Wusterhausen und brechen damit die wettinische Vormacht in dieser Gegend.

1253 Neugründung und Erweiterung der Kaufmannssiedlung Frankfurt an der Oder um mehr als das Doppelte.

1258 Die Markgrafen Johann I. und Otto III. teilen ihr Herrschaftsgebiet: Die johanneische Linie erhält u. a. das Havelland und die Uckermark, die ottonische Linie u. a. den Teltow und den Barnim.

1270 (oder 1273) Das Zisterzienserkloster Mariensee wird nach Chorin verlegt.

1319 Mit dem Tod von Markgraf Waldemar erlischt die Linie der Askanier, vier Jahre später erwerben die Wittelsbacher die Mark Brandenburg.

1328 Erste Erwähnung des Spreewalds.

1373 Kaiser Karl IV. aus dem Hause Luxemburg erwirbt für 300 000 Gulden die Erbrechte an der Mark Brandenburg.

1388 Markgraf Sigismund, der jüngste Sohn Karls IV., verpfändet (bis 1411) das Land seinen mährischen Vettern Jobst und Prokop.

Unter den Hohenzollern

1411 Der Burggraf von Nürnberg, Friedrich VI., wird von Kaiser Sigismund zum ›Obersten Verweser und Hauptmann der Mark Brandenburg‹ bestellt; die offizielle Belehnung, mit der die 500-jährige Regentschaft der Hohenzollern in Brandenburg beginnt, erfolgt 1415.

1506 Gründung der ersten brandenburgischen Universität in Frankfurt (Oder) (1811 Verlegung nach Breslau).

1539 Kurfürst Joachim II. führt die Reformation in Brandenburg ein. Die Klöster werden säkularisiert.

1608 Kurfürst Johann Sigismund übernimmt die Macht, er gilt als der erste europäische Fürst, der den Grundsatz der Glaubensfreiheit verkündet und seine Glaubensgegner nicht verfolgt.

1618 Die Hohenzollern erben das Herzogtum Preußen.

1620 Der Bau des Finowkanals, der Oder und Havel verbindet, wird durch den Dreißigjährigen Krieg unterbrochen.

1640–88 Friedrich Wilhelm, der Große Kurfürst. Er baut Heer, Wirtschaft und Verwaltung aus und schafft die Grundlagen für einen modernen Staat.

1648 Am Ende des Dreißigjährigen Krieges ist die Mark Brandenburg – die Hauptschlachtfeld der kaiserlichen und schwedischen Truppen war – schwer zerstört und fast um die Hälfte entvölkert.

1651 Kurfürst Friedrich Wilhelm heiratet Luise Henriette aus dem Hause Oranien. Oranienburg wird nach ihr benannt.

1662 Der erste Spatenstich am sieben Jahre später fertig gestellten Oder-Spree-Kanal.

1675 Mit dem Sieg in der Schlacht von Fehrbellin vertreibt der Große Kurfürst die Schweden aus der Mark.

1685 Mit dem Edikt von Potsdam kommen Tausende Hugenotten (französische Glaubensflüchtlinge) ins Land; bis zum Jahr 1700 siedeln sich etwa 20 000 Franzosen in der Mark an.

Im Königreich Preußen

1688 Regierungsantritt Kurfürst Friedrichs III. (ab 1701 als Friedrich I. König in Preußen), er lebt verschwenderisch und Pracht liebend.

1713–40 König Friedrich Wilhelm I. Der ›Soldatenkönig‹ gilt als Gründer einer modernen Staatsorganisation und der preußischen Militärmacht.

1717 Die allgemeine Schulpflicht wird eingeführt.

1718 Die Entwässerung des Rhinluchs und die Umgestaltung zu Weideland beginnt, die Arbeiten setzen sich bis ins 20. Jh. fort.

1721 Johann Sebastian Bach widmet seine ›Brandenburgischen Konzerte‹ Markgraf Christian Ludwig, dem jüngsten Sohn des Großen Kurfürsten.

Edikt von Potsdam im Jahr 1685: Friedrich Wilhelm, der Große Kurfürst, empfängt geflohene Hugenotten

1732 In Potsdam entsteht im Rahmen einer zweiten Stadterweiterung das Holländische Viertel.

1740–86 König Friedrich II., der Große. »Er denkt als Philosoph und handelt als König«, schrieb Jean-Jacques Rousseau über den König, der sich mit Künstlern, Dichtern und Denkern umgab und die französische Kultur bewunderte, der Schlesien errang und Preußen zur europäischen Großmacht brachte. Er initiierte den ›friderizianischen‹ Ausbau Potsdams sowie von Schloss und Park Sanssouci und forcierte die Urbarmachung und Besiedlung des Oderbruchs.

1781 Karl Friedrich Schinkel kommt in Neuruppin zur Welt; er wird später Preußens berühmtester Baumeister des Klassizismus.

Inbegriff preußischer Macht und Willenskraft – König Friedrich II., der Große

Schlacht von Dennewitz am 6. September 1813: Der siegreiche General von Bülow wird von seinen Truppen begrüßt

1787 Baubeginn des Marmorpalais in Potsdam unter Friedrich Wilhelm II. (der dicke Wilhelm), der nach seinem Tod 1797 ein zerrüttetes Land hinterlässt.

1810 Die legendäre Königin Luise, Gemahlin Friedrich Wilhelms III., stirbt im Alter von 34 Jahren.
Die ersten Neuruppiner Bilderbogen werden gedruckt, bis 1937 erscheinen mehr als 100 Mio. Exemplare.

1813 Schlachten gegen Napoleon bei Großbeeren am 23. August, bei Hagelberg am 27. August und bei Dennewitz am 6. September: Die Einnahme Berlins durch die Franzosen wird verhindert.

1815 Brandenburg wird Preußen als Provinz eingegliedert, sie umfasst die Regierungsbezirke Berlin, Potsdam und Frankfurt (Oder). Gebietsgewinn im Süden, darunter die Niederlausitz.

1819 Theodor Fontane, einer der großen deutschen Literaten des 19. Jh., wird in Neuruppin geboren.

1838 Zwischen Berlin und Potsdam verkehrt die Eisenbahn.

1840–61 König Friedrich Wilhelm IV., ein Förderer der Künste. Karl Friedrich Schinkel, Peter Joseph Lenné und Christian Daniel Rauch schaffen ein ›havelländisches Arkadien‹.

1854 Ernennung Peter Joseph Lennés, des Schöpfers der Potsdamer Parkanlagen, zum General-Gartendirektor.

1862 Die erste Ausgabe der ›Wanderungen durch die Mark Brandenburg‹ von Theodor Fontane erscheint.

1875 An den Schulen der preußischen Nieder- und Oberlausitz darf nicht mehr in sorbischer Sprache unterrichtet werden.

1882 Der Lehrer Paul Fahlisch organisiert von Lübbenau aus die ersten Gesellschaftsfahrten mit dem Kahn durch den Spreewald.

Brandenburg im 20./21. Jh.

1908 Der Ingenieur Hans Grade startet in Borkheide westlich von Beelitz das erste deutsche Motorflugzeug.

1912 Kurt Tucholsky macht mit seinem Kurzroman ›Rheinsberg – ein Bilderbuch für Verliebte‹ das Städtchen weithin bekannt.

1918 Kaiser Wilhelm II. verzichtet 18 Tage nach seinem Eintreffen im holländischen Exil auf den Thron.

1920 Bildung Groß-Berlins, viele im Umfeld liegende Orte werden der Hauptstadt eingemeindet. Brandenburg verliert ca. 1,9 Mio. Einwohner.

1934 Das Schiffshebewerk in Niederfinow, eine technische Meisterleistung jener Zeit, wird eröffnet.

Theodor Fontane schwärmte ein ganzes Leben lang für die Mark Brandenburg

1936 Das Konzentrationslager Sachsenhausen entsteht bei Oranienburg, bis zum Ende der Naziherrschaft werden hier rund 100 000 Menschen umgebracht.

1937 Die Nationalsozialisten verbieten die Domowina, den Dachverband der sorbischen Vereine, gleichzeitig untersagen sie alle sorbischen Aktivitäten.

1938 Bei Fürstenberg/Havel errichten die Nazis das Frauen-KZ Ravensbrück, in dem über 90 000 Frauen und Kinder umkommen.

1939–45 Vor allem am Ende des Zweiten Weltkriegs werden viele brandenburgische Städte zerstört.

Potsdamer Konferenz 1945: Churchill, Truman und Stalin vor Schloss Cecilienhof

1945 Vom 17. Juli bis 2. August legen die USA, Großbritannien und die Sowjetunion in Schloss Cecilienhof die Nachkriegsregelungen für Europa fest, die Vereinbarung geht als ›Potsdamer Abkommen‹ in die Geschichte ein.

1945/46 Im Rahmen der Bodenreform wird aller Großgrundbesitz über 100 ha enteignet, er wird vor allem an Umsiedler verteilt. Es entstehen Neubauernwirtschaften von durchschnittlich 8 ha Größe.

1946 Die ersten Wahlen nach der Naziherrschaft. Die SED kommt in Brandenburg auf 43,5, die CDU auf 30,3 und die LDPD auf 20,5 Prozent der Stimmen.

1947 Die Alliierten lösen mit dem Kontrollratsgesetz Nr. 46 den Staat Preußen auf, die Provinz Mark Brandenburg wird zum Land Brandenburg.

1949 Brandenburg wird Teil der am 7. Oktober gegründeten DDR.

1950 Die Ministerpräsidenten der DDR und Polens unterzeichnen den Vertrag über die Anerkennung der Oder und Neiße als Staatsgrenze.

1951 Grundsteinlegung für den ersten Hochofen des Eisenhüttenkombinats Ost, Baubeginn der ersten Wohnhäuser, die neue Siedlung erhält 1953 den Namen Stalinstadt (ab 1961 Eisenhüttenstadt).

1952 In der DDR findet eine Verwaltungsreform statt, die Länder werden aufgeteilt, Brandenburg in die Bezirke Potsdam, Cottbus und Frankfurt (Oder).

1989 Am 9. November fällt die Berliner Mauer.

1990 Die DDR schließt sich der Bundesrepublik an, die Länder werden wieder gegründet.

1991 Die sterblichen Überreste Friedrichs II. werden von der Burg Hohenzollern nach Potsdam überführt. Schloss Rheinsberg wird als Museum eröffnet.

1992 In der Verfassung des Landes Brandenburg wird der Schutz und die Förderung der sorbischen Identität und Kultur festgeschrieben.

1995 Cottbus richtet als erste Stadt im Osten Deutschlands die Bundesgartenschau aus.

1996 Die Mehrheit der Brandenburger stimmt gegen die Vereinigung mit Berlin, Brandenburg bleibt dadurch weiterhin ein eigenes Bundesland.

1997 Im Sommer steigt der Wasserstand der Oder dramatisch an, die Deiche drohen zu brechen..

1998 Das Land Brandenburg begeht den 100. Todestag von Theodor Fontane und das 900. Gründungsjahr des Zisterzienserordens.

2000 Europeedway Lausitz, Europas modernste Rennstrecke, wird eröffnet.

2001 Brandenburg feiert das 300. Jubiläum der Krönung Kurfürst Friedrich III. zum ›König in Preußen‹ Friedrich I. In Potsdam findet die 26. Bundesgartenschau statt.

2002 Der Süd- und Nordwesten des Landes werden im August vom Jahrhunderthochwasser der Elbe schwer geschädigt, Zehntausende Menschen werden evakuiert.

Potsdam und das Havelland – Schlösser und Parks

Wunderschön am Havelufer liegt **Potsdam**, die ehem. Sommerresidenz der preußischen Könige und deutschen Kaiser. Als Flächendenkmal ist die Potsdamer Schlösser- und Parklandschaft in dieser Form und Größe einmalig in der Welt. Die Inselstadt **Werder** fasziniert vor allem im Frühjahr durch eine weiße Blütenpracht. Wer weiterfährt kommt zur ›**Wiege Brandenburgs**‹, der gleichnamigen Stadt an der unteren Havel, die sich in reizvolle Flussarme verzweigt und zu Seen weitet. Von Wiesen und Wäldern umgeben sind die stillen Dörfer des **Havellandes**. Weithin bekannt wurde das verträumte **Ribbeck** durch Fontanes Gedicht ›Herr von Ribbeck auf Ribbeck im Havelland, ein Birnbaum in seinem Garten stand‹. Das Havelland hält unverfälschte Natur mit selten gewordenen Tieren und Pflanzen bereit.

1 Potsdam

Plan hintere Umschlagklappe

Stadt mit weltbekannten Schlössern, bedeutenden Kunstschätzen und schönen Gärten.

Die Landeshauptstadt Brandenburgs besitzt das größte Park- und Schlossensemble nördlich der Alpen, das die UNESCO zum Weltkulturerbe erklärt hat.

Geschichte Als Poztupimi wird Potsdam im Jahr 993 erstmals in einer Urkunde genannt, das Stadtrecht wurde 1345 verliehen. 1660 wählte Kurfürst Friedrich Wilhelm, der Begründer der brandenburgisch-preußischen Großmacht, die Stadt zur Zweitresidenz neben Berlin. Mit der Selbstkrönung von Kurfürst Friedrich III. zum König in Preußen (als Friedrich I.) im Jahr 1701 wurde Potsdam zur **königlichen Residenzstadt** ausgebaut. Unter Friedrich Wilhelm I., dem Soldatenkönig, erfolgte 1722 die erste barocke Stadterweiterung, 1733 die zweite mit 21 Karrees – er machte Potsdam zur **Garnisonsstadt**. Friedrich der Große brachte wieder höfisches Leben und Kultur in die Stadt, mit Sanssouci schuf er sich sein **märkisches Versailles**. Nach der Revolution 1848 unterzeichnete Friedrich Wilhelm IV. im Schloss Sanssouci die Verfassung, mit der er die konstitutionelle Monarchie anerkannte. 1945 zerstörte ein britischer Bombenangriff die Innenstadt nahezu vollständig. 1952 wurde Potsdam Verwaltungssitz des gleichnamigen Bezirkes, 1990 **Hauptstadt** des wieder gegründeten Landes Brandenburg.

Besichtigung Der Alte Markt war bis zur Zerstörung im April 1945 Potsdams Zentrum, die Dominante bildete bis dahin das ab 1664 unter Kurfürst Friedrich Wilhelm errichtete Stadtschloss. Im September 2000 wurde mit dem Wiederaufbau des historischen Fortunaportals begonnen, einst der Prachteingang des Stadtschlosses. Den Platz beherrschen heute noch das säulengeschmückte und einer vergoldeten Atlasfigur bekrönte **Alte Rathaus** **1** (1753–55), das zusammen mit dem benachbarten eleganten **Knobelsdorff-Haus** **2** (1750) als Kulturhaus dient, und die quadratisch-stämmige **Nikolaikirche** **3** mit ihrer alles überragenden Kuppel nach Vorbild der Londoner St.-Pauls-Kathedrale. Karl Friedrich Schinkel lieferte die Pläne für diesen ab 1830 errichteten klassizistischen Zentralbau. Im lang gestreckten **Marstall** (1686, durch Georg Wenzeslaus von Knobelsdorff 1746 umgebaut) schräg gegenüber, dem einzigen Rest des in den 1960er-Jahren abgerissenen Schlosskomplexes, befindet sich das **Filmmuseum** **4** (Breite Straße, Di–So 10–18 Uhr). Gezeigt wird eine Ausstellung zur deutschen Filmgeschichte, vor allem zu den berühmten Ufa- und Defa-Ateliers in Babelsberg. Am Ende der Breiten Straße steht an der Neustädter Havelbucht das fantasievoll verkleidete

Vorhergehende Doppelseite: *Die Glorie des Preußenkönigs – Schloss Sanssouci ist Pilgerstätte für Touristen aus aller Welt*

Hier stand die Londoner St.-Pauls-Kathedrale Pate – nach Plänen von Schinkel entstand die mächtige Nikolaikirche mit ihrer gewaltigen Kuppel

Dampfmaschinenhaus ⑤ (1841/42). Das einstige Pumpwerk für die Fontänen des Sanssouci-Parks wurde ganz im Stil einer maurischen Moschee gestaltet (Breite Straße, Mitte Mai–Mitte Okt. Sa, So 10–12.30, 13–17 Uhr).

Der planmäßig angelegte **Neue Markt** hinter dem Filmmuseum war einst einer der schönsten Barockplätze Europas. Etwas von seiner Attraktivität hat er seit der Wiederherstellung des **Kutschstalls** ⑥ (1787–91) zurückgewonnen.

Zwei bedeutende Kirchen stehen am weiter nördlich gelegenen Bassinplatz: in seiner südöstlichen Ecke die **Französische Kirche** ⑦ (1751–53), die mit Giebelsäulenhalle und querelliptischem Grundriss an das römische Pantheon erinnert, und in der westlichen Ecke die Pfarrkirche **St. Peter und Paul** ⑧ (1867/68), ein Zentralbau in Kreuzform, dessen Turm dem Campanile von San Zeno in Verona nachgebildet ist. Von hier führt

die **Brandenburger Straße**, Potsdams Einkaufsmeile, geradewegs zum **Brandenburger Tor** ⑨, das vor seinem berühmteren Berliner Pendant bereits 1770 entstand. Weitere Tore der alten Stadtbefestigung sind das barocke **Jägertor** ⑩ (1733) in der Hegelallee und in der Friedrich-Ebert-Straße das doppeltürmige, von Torhallen flankierte **Nauener Tor** ⑪ (1755) im Stil der englischen Neogotik.

Östlich davon breitet sich in vier Karrees das **Holländische Viertel** ⑫ aus, scherzhaft ›Klein Amsterdam‹ genannt. Mehr als 100 schmucke Giebel- und Traufenhäuser aus rotem Backstein zieren dieses Wohnensemble, das 1733–42 unter der Leitung von Jan Boumann für holländische Kolonialisten gebaut wurde. Sie sollten dem Preußenstaat zum wirtschaftlichen Aufschwung verhelfen, kamen aber nicht so zahlreich wie erwartet.

Wie aus der Weite Russlands hergeholt wirkt dagegen die **Russische Kolonie**

19

Auch Potsdam hat sein Brandenburger Tor, Karl von Gontard und Georg Christian Unger schufen es 1770

Alexandrowka ⑬ am Nordrand der Stadt. Friedrich Wilhelm III. ließ 1827 für russische Sänger, die er als ehem. Kriegsgefangene vom Zaren als Geschenk erhalten hatte, 13 mit Schnitzwerk verzierte Holzhäuschen errichten. Etwas abseits auf dem Kapellenberg wurde das dazugehörende orthodoxe Gotteshaus, die fünffach kuppelgekrönte *Alexander-Newski-Kirche* (1829), hingestellt. Viele Ausstattungsgegenstände sind Geschenke der preußischen Prinzessin Charlotte, der späteren Zarin Alexandra Feodorowna.

Im Jahr 2001 richtete Potsdam unter dem Motto ›Gartenkunst zwischen gestern und morgen‹ die Bundesgartenschau aus. Der **Buga-Park** ⑭ wurde auf dem einstigen Militärgelände Bornstedter Feld nördlich des Stadtzentrums angelegt. Hier entstand auch die **Biosphäre Potsdam** (tgl. 9–20 Uhr, Internet: www.biosphaere.net), eine Erlebniswelt, in der die Besucher auf 4500 m² verschiedene Naturräume, darunter einen Höhenweg, eine Unterwasserforschungsstation oder tropische Flora, entdecken können.

Berühmte Pilgerstätte – der Park von Sanssouci

Sanssouci gehört zu den internationalen Touristenhits. Die meisten denken bei diesem Namen nur an das Schloss, das der **Parkanlage Sanssouci** den Namen gab. Sanssouci ist aber mehr, hier vereinen sich Natur, einige Schlösser und Dutzende von Kleinarchitekturen zu einem einzigartigen Kunstwerk. Die Parkbereiche, von Peter Joseph Lenné geschaffen, fasst der 2,5 km lange Hauptweg zusammen.

Amsterdam in Potsdam – statt Handwerkern logieren heute Galerien, Restaurants und Läden in den ziegelroten Barockhäusern des Holländischen Viertels

Ein goldenes Gehäuse für erlesene Malerei – dicht gehängt nach barockem Prinzip sind die prachtvollen Gemälde des 18. Jh. der Bildergalerie im Park von Sanssouci

TOP TIPP Das lang gestreckte **Schloss Sanssouci** ⑮ (1745–47) auf der Kuppe des vielfach terrassierten Weinbergs ist ein ebenerdiger Flügelbau mit zentralem, überkuppeltem Risalit in Ovalform, der gartenseitig durch vorzüglichen plastischen Schmuck von Friedrich Christian Glume heiter wirkt, auf der Eingangsseite mit Ehrenhof und halbrunder Säulenkolonnade hingegen eher streng. Knobelsdorff führte nach Plänen Friedrichs des Großen dieses Meisterwerk des ›friderizianischen‹ Rokoko aus. Im Schloss sind Möbel, Gemälde, Plastiken, Stuck und Porzellan überwiegend aus dem 18. Jh. zu sehen, so im grandiosen *Marmorsaal* mit Säulenpaaren und Nischenfiguren oder der kreisrunden, zedernholzgetäfelten *Bibliothek* (Führungen April–Okt. Di–So 9–12.30, 13–17

Uhr, Nov.–März bis 16 Uhr). Am Rand der östlichen Schlossterrasse findet man das schlichte *Grab Friedrichs II.*, in dem er jedoch erst seit 1991 ruht.

Beim Schloss, außerhalb der Parkanlage, dreht sich das mächtige Kreuz der **Historischen Mühle** ⑯. 1945 abgebrannt, wurde sie 1993 dem Original vom Ende des 18. Jh. entsprechend wieder aufgebaut. In 11 m Höhe lädt eine Aussichtsplattform zum Rundblick ein (tgl. 10–18, winters Sa/So 10–16 Uhr).

TOP TIPP Friedrichs Sammelleidenschaft machte den Bau der **Bildergalerie** ⑰ (1755–63) an der Ostseite des Schlosses notwendig (Mitte Mai–Mitte Okt. Di–So 10–12.30, 13–17 Uhr), man sieht darin das erste eigenständige Museumsgebäude Europas. Im goldglänzenden Saal mit überkuppelter Mitte hängen

Als wärs ein Stück Italien – nach mediterranem Vorbild ließ Friedrich Wilhelm IV. von Ludwig Persius die Neue Orangerie in Sanssouci erbauen

Werke u. a. von Rubens, van Dyck und Tintoretto dicht bei dicht. Die auf gleicher Höhe westlich vom Schloss liegenden **Neuen Kammern** 18, 1747 von Knobelsdorff als Orangerie erbaut und 1771–74 durch Georg Christian Unger zum Gästehaus umgestaltet, besitzen prachtvolle Festräume, darunter als Glanzpunkt den *Jaspissaal* (April–14. Mai Sa, So 10–17 Uhr, 15. Mai–Mit-

Unterhaltsame Tafelrunde in Sanssouci: Voltaire (links) und Friedrich II. (rechts), angeregt parlierend

Der Alte Fritz

Neben seinem Lieblingsschloss Sanssouci ließ sich König Friedrich II. bereits 32 Jahre vor seinem Tod eine Gruft ausheben, hier wollte er an der Seite

seiner Windhunde begraben werden. Der testamentarische Wille wurde aber nicht befolgt – der König aller Preußen neben Hunden! Sein Leichnam kam in die Potsdamer Garnisonkirche, nach dem Zweiten Weltkrieg auf die Burg der Hohenzollern in Hechingen. Erst seit 1991 ruht Friedrich II. an der gewünschten Stelle neben seinen Hunden.

In Sanssouci frönte der als menschenscheu geltende König dem **Flötenspiel***, hier traf er sich mit Geistesgrößen zu den berühmten* **Tafelrunden***. Der Franzose* **Voltaire***, mit dem er eine vier Jahrzehnte dauernde geistige Beziehung pflegte, war der prominenteste Teilnehmer. Obwohl klein und krumm von Wuchs, ging der 1740–86 regierende Preußenkönig als* ›**der Große**‹ *in die Geschichte ein, vielfach wird er nur der* ›**Alte Fritz**‹ *genannt. Beides ist Anerkennung, denn wie kein anderer vor und nach ihm hat Friedrich II. Brandenburg-Preußen geprägt.*

Verspielt – das goldglänzende Chinesische Haus bevölkern Tee trinkende Chinesen (**oben**).
Imposant – das Neue Palais ist das größte Schloss in Sanssouci (**unten**)

te Okt. Di–So 10–12.30, 13–17 Uhr). Im italisierenden Renaissancestil mit Säulenvorhalle, Belvedereaufbau, Türmen und verbindender Säulengalerie entstand 1851–60 nach Ideen Friedrich Wilhelms IV. und Plänen von Ludwig Persius weiter im Westen die **Neue Orangerie** ⑲. Innen sind Kopien von Raffael-Gemälden zu sehen, vom *Westturm* aus Blicke über Schloss- und Stadtlandschaft zu genießen (Mitte Mai–Mitte Okt. 10–12.30, 13–17 Uhr). Im kleeblattförmigen, von Johann Gottfried Büring erbauten **Chinesischen Haus** ⑳ (1754–57) südlich der Hauptallee wird Meißner und ostasiatisches Porzellan gezeigt, während fotogene vergoldete Chinesenfiguren die Palmensäulen bevölkern (Mitte Mai–Mitte Okt. Di–So 10–12.30, 13–17 Uhr).

Als größtes und prachtvollstes Schloss mit mehr als 200 Räumen entstand am westlichen Ende des Parks das

TOP TIPP

Neue Palais ㉑ (1763–69) – ein eindringlicher Hinweis auf Preußens ungebrochene Macht am Ende des Siebenjährigen Krieges (April–Okt. Sa–Do 9–12.30, 13–17 Uhr, Nov.–März bis 16 Uhr). 428 Götter und Halbgötter schauen vom Attikageschoss über die durch Kolossalpilaster gegliederte Fassade herab. Eindrucksvoll sind die Festsäle, bezaubernd der mit Mineralien,

Pompös – Gemälde mit Motiven aus der antiken Mythologie schmücken den Marmorsaal im Neuen Palais, einem Repräsentationsbau par excellence

Muscheln und Korallen gestaltete *Grottensaal*. Weitgehend original erhalten blieb auch die aus neun Räumen bestehende Wohnung Friedrichs des Großen. Der südliche Seitenflügel birgt das kostbar ausgestattete, noch heute bespielte *Schlosstheater* von 1748.

Einem römischen Villenbau der Antike gleich gestaltete Karl Friedrich

Kurios – tausendfach mit Muscheln und Mineralien dekoriert ist der Grottensaal im Neuen Palais von Sanssouci

Schinkel 1826–29 **Schloss Charlottenhof** 22 (Führungen Mitte Mai – Mitte Okt. Di–So 10–12.30, 13–17 Uhr). Die Innenräume wurden schlicht klassizistisch eingerichtet, besonderes Interesse finden das mit weißblauem Markisenstoff drapierte *Zeltzimmer* und die ausgestellten *Gemälde* von Caspar David Friedrich, Carl Gustav Carus und Carl Blechen. In den ebenfalls von Schinkel im Stil italienischer Landhäuser entworfenen **Römischen Bädern** 23 – nahebei am von Peter Joseph Lenné angelegten Maschinenteich – werden Sonderausstellungen gezeigt (Di–So 10–12.30, 13–17 Uhr).

Die **Friedenskirche** 24 am Ostrand des Parks wurde 1845–47 nach dem Vorbild frühchristlicher Kirchen Roms erbaut. Im Inneren fasziniert in der Apsis das *Mosaik* (12. Jh.) aus der Kirche San Cipriano bei Venedig, es zeigt Christus als Weltenrichter zwischen Maria und Johannes sowie Heilige und Erzengel. In der Gruft ruhen der Bauherr, König Friedrich Wilhelm IV., und seine Gemahlin Elisabeth, an der Nordseite des Atriums befindet sich das *Mausoleum* für den 99-Tage-Kaiser Friedrich III. und dessen Gemahlin Viktoria. Seit August 1991 steht hier auch der Sarg Friedrich Wilhelms I., des Soldatenkönigs.

Von Sanssouci sind es nur wenige hundert Meter bis **Bornstedt**. Fontane notierte: »Wir sind nirgend einem Dorffriedhof begegnet, der solche Fülle berühmter Namen aufzuweisen hätte (…). Was in Sanssouci stirbt, das wird in Bornstedt begraben (…)«. Lediglich Angehörige der Königsfamilie wurden anderswo bestattet. Zu den Prominenten, die auf dem Bornstedter Friedhof ihre letzte Ruhestätte fanden, gehören Baumeister Ludwig Persius und Gartenarchitekt Peter Joseph Lenné. Die Kirche (1856) mit dem separaten Glockenturm entstand nach einem Entwurf von Friedrich August Stüler.

Gegenüber der Kirche liegt das **Krongut Bornstedt** 25. Das Bauensemble (1846–48) im italienischen Stil hatten der spätere Kaiser Wilhelm I. und seine englische Gemahlin Victoria zum Mustergut gemacht. Heute lebt hier brandenburgisch-preußische Kultur in zeitgemäßer Form auf, es gibt ein Brau- und Brennhaus, eine Hofbäckerei, ein Café sowie ein Manufaktur mit alten Handwerksberufen von der Kerzenzieherei bis zur Glasbläserei.

Der Neue Garten: Park- und Schlossidyll mit Vergangenheit

Der Park am Ufer des Heiligen Sees, nördlich der Altstadt, bekam von Peter Joseph Lenné sein zauberhaftes Aussehen. Das frühklassizistische, von einem runden Belvederetürmchen bekrönte **Marmorpalais** 26 (1787–92), Lieblingsschloss von König Friedrich Wilhelm II., wurde nach dem Zweiten Welt-

Weltberühmter Tagungsort im Neuen Garten – Schloss Cecilienhof ist heute ein Hotel

krieg als Militärmuseum genutzt, ist nun aber wieder ein Museumsschloss (April–Okt. Di–So 10–12.30, 13–17 Uhr, Nov.–März Sa, So bis 16 Uhr).

In die Weltgeschichte eingegangen ist der im englischen Landhausstil für Kronprinz Wilhelm und seine Gattin Cecilie

Malerische Anlage in Havelnähe – Schloss Babelsberg wurde ab 1834 im Stil der englischen Neogotik errichtet und wirkt wie eine mittelalterliche Ritterburg

Duellszenen fürs Publikum – im Filmpark Babelsberg ist spannungsgeladene Studio-atmosphäre hautnah zu erleben. Ein Schnupperkurs für (fast echte) Filmluft

erbaute Fachwerkbau von **Schloss Cecilienhof** ㉗ (1913–17) im Nordteil des Gartens. Truman, Attlee und Stalin unterzeichneten hier am 2. August 1945 das ›Potsdamer Abkommen‹, das Deutschlands Rolle nach dem Zweiten Weltkrieg regelte. Ein Teil des Schlosses dient als *Hotel*, der andere mit dem original erhaltenen Konferenzsaal und den Arbeitszimmern der Delegationen wurde *Museum* (April–Okt. Di–So 9–12, 12.30–17 Uhr, Nov.–März bis 16 Uhr). Die **Gotische Bibliothek** ㉘ (1792–94) an der Südspitze des Parks galt lange Zeit als der ›schiefe Turm‹ von Potsdam, sie war in eine gefährliche Schieflage von etwa 70 cm geraten. Um das Bauwerk zu retten wurde es Stein für Stein abgetragen und an gleicher Stelle, nur eben aufrecht, neu errichtet.

König Friedrich Wilhelm II. nutzte das Bauwerk als Privatbibliothek und Belvedere. Von hier genoss er den Ausblick über die weitläufigen Parkanlagen.

Park Babelsberg und Umgebung

Nach Plänen von Peter Joseph Lenné und Hermann Fürst von Pückler-Muskau wurde der Park Babelsberg an den Ufern des Tiefen Sees und der Glienicker Lake angelegt. **Schloss Babelsberg** ㉙ (1834–49), mit Zinnenkränzen, Erkern und Türmen durchaus romantisch geraten, war der Lieblingsaufenthaltsort von Kaiser Wilhelm I. und seiner Gemahlin Augusta (April–Okt. Di–So 10–12.30, 13–17 Uhr, Nov.–März Sa bis 16 Uhr). Das **Kleine Schloss** ㉚ (1841/42), im neogotischen Stil für den späteren 99-Tage-Kaiser Friedrich III. erbaut, beherbergt heute ein Restaurant. Auf einer Anhöhe steht seit 1872 die **Gerichtslaube** ㉛ (13. Jh.), die in Berlin dem Roten Rathaus weichen musste. Für den 46 m hohen **Flatowturm** ㉜ (1853–56) diente das spätgotische Eschenheimer Tor in Frankfurt/Main als Vorbild (April–Mitte Okt. Sa/So 10–17 Uhr).

Am lang gestreckten Griebnitzsee ließen sich Ende des 19./Anfang des 20. Jh. betuchte Potsdamer und Berliner Häuser, die **Villensiedlung Neu-Babelsberg** ㉝, errichten. 1945, während der Potsdamer Konferenz, quartierten sich in diesem Nobelviertel die Führer der Siegermächte ein: US-Präsident Harry Truman bezog das Haus Karl-Marx-Str. 2, der sowjetische Staatschef Stalin wohnte in der Nr. 27, für Großbritanniens Premierminister Churchill und seinen Nachfolger Attlee wurde das Haus Virchowstr. 23 ausgewählt.

In Neu-Babelsberg hatten auch etliche Ufa-Stars ihr Zuhause, denn die Babelsberger Filmateliers lagen nah. Nach 1945 drehte hier die Defa, das spätere Staatsfilmunternehmen der DDR, ihre Filme.

TOP TIPP Heute steht ein großer Teil des Geländes als **Filmpark Babelsberg** ㉞ offen. Die Filmstadt bietet Blicke hinter die Kulissen, in denen einst Stars wie Greta Garbo, Marlene Dietrich, Hans Albers, Heinrich George, Jean Gabin, Hildegard Knef und Manfred Krug vor der Kamera agierten. Das Showscan-Actionkino sowie die Stuntshow mit wilden Verfolgungsjagden gehören zu den Höhepunkten (Großbeerenstraße, April–Okt. tgl. 10–18 Uhr).

Die Brücke der Spione und ein Turm der Wissenschaft

Seit dem Mauerfall im November 1989 verbindet die **Glienicker Brücke** ㉟ wieder wie einst Potsdam und Berlin. ›Agentensteg‹ wird die Brücke im Volksmund genannt, denn in den Jahren der deutsch-deutschen Teilung kam sie durch den Austausch von Agenten zu zweifelhaftem Ruhm. Westlich der Brücke, am Ufer des Jungfernsees, wird wieder die einstige kaiserliche *Matrosenstation* entstehen, ein nach dem Zweiten Weltkrieg stark zerstörtes einzigartiges Ensemble norwegischer Holzbaukunst. Im September 2000 wurde das fast 6 m hohe Eingangstor feierlich enthüllt.

Ein Solitär in Potsdams Landschaft ist der berühmte **Einsteinturm** ㊱ auf dem Telegrafenberg im Süden der Stadt. Der stromlinienförmige, einem U-Boot ähnelnde Betonbau neben dem Oberservatorium, 1921 von Erich Mendelsohn zum Studium der Einsteinschen Relativitätstheorie errichtet, gilt heute als eines der bedeutendsten Beispiele der expressionistischen Architektur.

Ausflüge

Friedrich Wilhelm IV. ließ sich sommers gerne mit einem Boot nach **Sacrow** zur *Heilandskirche* (1841–44) rudern, die wie ein Schiff im Hafen am Jungfernsee liegt. Die von Arkadenbögen umgürtete Kirche und das nahe **Schloss Sacrow** ㊲ (1773) lagen im deutsch-deutschen Todesstreifen und waren 1961–89 unzugänglich. Nach der Restaurierung soll das Schloss wieder museal genutzt werden, der von Peter Joseph Lenné gestaltete und zu DDR-Zeiten verwilderte Park bekam wieder sein ursprüngliches Aussehen zurück.

Praktische Hinweise

Tel.-Vorwahl Potsdam: 0331

Information: Potsdam-Information, Friedrich-Ebert-Str. 5, Tel. 27 55 80, Fax 2 75 58 99

Hotels

TOP TIPP **** **Relexa Schlosshotel Cecilienhof**, Neuer Garten, Tel. 3 70 50, Fax 29 24 98, Internet: www.castle-cecilienhof.com. Wohnen wie einst das Kronprinzenpaar, wunderschöne Lage im Neuen Garten.

**** **Seminaris Seehotel Potsdam**, An der Pirschheide 40, Tel. 9 09 00, Fax 9 09 09 00, Internet: www.seminaris.de. Alles zum Wohlfühlen vorhanden, Wellness- und Fitness-Areal.

**** **Astron-Hotel Voltaire**, Friedrich-Ebert-Str. 88, Tel. 2 31 70, Fax 2 31 71 00, Internet: www.hotelvoltaire.potsdam.de. Tolle Innenstadtanlage, Wellnessbereich.

*** **Steigenberger MAXX Hotel Potsdam**, Allee nach Sanssouci 1, Tel. 9 09 10, Fax 9 09 19 09. Top-Lage! Haus im anglo-amerikanischen Stil der 30er- bis 50er-Jahre des 20. Jh.

** **Hotel Mercure**, Lange Brücke, Tel. 27 22, Fax 29 34 96, Internet: www.mercure.com. 17-stöckiges Mittelklassehotel in guter Lage.

* **Babelsberg**, Stahnsdorfer Str. 68, Tel. 74 90 10, Fax 70 76 68. Angenehme Villa in der Nähe der Filmstudios.

Restaurants

Café Heider, Friedrich-Ebert-Str. 29, Tel. 2 70 55 96. Beliebtes Lokal am Rand des Holländischen Viertels.

Froschkasten, Kiezstr. 3–4, Tel. 29 13 15. Kleines hübsches Lokal mit regionaltypischen Spezialitäten.

TOP TIPP **Kleines Schloss**, im Park Babelsberg, Tel. 70 51 56. Feines Essen mit Blick auf den Tiefen See.

Im Park Babelsberg lässt sich gut speisen

2 Stahnsdorf

Grablandschaft, in der zahlreiche Persönlichkeiten des kulturellen Lebens ihre letzte Ruhe fanden.

Als eine der schönsten Anlagen seiner Art gilt der **Südwestfriedhof** von Stahnsdorf. Garten- und Friedhofskunst, Architektur und Plastik vereinen sich auf dem 200 ha großen denkmalgeschützten Gelände, auf dem mehr als 100 000 Bestattungen erfolgten. Viele Persönlichkeiten fanden hier ihre letzte Ruhestätte. So **Lovis Corinth**, Maler sinnlicher Fülle (1858–1925; Grabstätte Trinitatis, Feld

8), der berühmte Berliner Maler und Zeichner **Heinrich Zille** (1858–1929; Grabstätte Block Epiphanien, Feld 14) sowie der im KZ Buchenwald umgebrachte sozialdemokratische Politiker **Rudolf Breitscheid** (1874–1944; Grabstätte Block Lietzensee, Feld 22). In der größten Grabanlage (Trinitatis, Feld 3a) ruhen **Werner von Siemens** (1816–1892), der Pionier der Elektrotechnik und Firmengründer, sowie weitere Familienmitglieder. Für die 1911 fertig gestellte **Holzkapelle** dienten mittelalterliche norwegische Stabkirchen als Vorbild. Nahebei liegt der kleine **Schwedische Friedhof**, der 1922/23 für die Mitglieder der schwedischen Viktoria-Gemeinde angelegt wurde. Im **Britischen Gedenkhain** wurden 1172 im Ersten Weltkrieg in deutscher Kriegsgefangenschaft ums Leben gekommene Angehörige der britischen Armee bestattet; auf dem benachbarten **Italienischen Soldatenfriedhof** ruhen 1650 Gefallene.

Ausflüge

Teltow entwickelte sich mit der Eröffnung des *Teltowkanals* 1906, der Havel und Spree verbindet, vom beschaulichen Ackerbürgerstädtchen zum Wirtschaftsstandort. Zu DDR-Zeiten war Teltow (12 km östlich von Potsdam) ein Zentrum der elektronischen Industrie. Überregional bekannt wurde die Region im 18. und 19. Jh. durch die Teltower Rübchen, die auch heute wieder aufgetischt werden. Die Altstadt schmückt die nach einem Brand 1810 gotisierend erneuerte *Stadtkirche St. Andreas*, der Turm (1811/12) bekam einen Aufsatz nach einem Entwurf Karl Friedrich Schinkels.

Bei **Großbeeren** (7 km südlich von Teltow), fand 1813 eine ›kleine Völkerschlacht‹ statt. Preußische Landwehrbataillone unter General von Bülow schlugen die ›Armée de Berlin‹ Napoleons und verhinderten dadurch die Einnahme Berlins. Mehrere Denkmale erinnern an dieses Ereignis, alle überragt der schlanke *Gedenkturm* (1913) in der Dorfmitte. Die viereckige *Pyramide* (1817) auf dem Kirchhof, damals ein wichtiger Kampfplatz, entwarf Karl Friedrich Schinkel. Auf dem Windmühlenhügel, 100 m westlich des Dorfes, steht die aus Feldsteinen 10 m hoch aufgetürmte *Bülow-Pyramide*, 1906 von der Stadt Berlin gestiftet.

Auch jene, die sich weniger für längst vergangene Schlachten als für moderne Trendsportarten interessieren, sind hier

---

Teltower Rübchen

Goethe, *als Feinschmecker bekannt, ließ Teltower Rübchen regelmäßig mit der Postkutsche nach Weimar liefern. Der Dichterfürst hatte sie bei einem Berlinbesuch probiert, vor ihm soll schon* **Napoleon** *von den Rübchen begeistert gewesen sein. Im ›Universal-Lexikon Kochkunst‹ von 1899 ist zu lesen: »Eine berühmte Zuchtform der weißen Rübe, die im Sandboden der Mark Brandenburg angebaut wird (...) und als* **Gemüsedelikatesse**« *gilt.*

Über viele Jahrzehnte waren die Teltower Rübchen, von den Bauern als **Zwischenfrucht** *angebaut, verschwunden. Doch in jüngster Zeit hat man sich der Köstlichkeit erinnert. Auf vielen Feldern werden sie wieder ab Juni ausgesät, um im* **Spätsommer** *erntefrisch in die Küchen zu kommen. In dem sandigen Boden um Teltow bleiben die Rüben ziemlich klein, dafür bekommen sie aber einen delikaten Geschmack.*

Zinnenbekröntes Ausflugsziel am Haussee – Karl Friedrich Schinkel soll an der Gestaltung des neogotischen Schlosses Petzow beteiligt gewesen sein

gut aufgehoben. In Großbeeren entstand eigens ein künstlicher See für das **Wakeboarding**, eine Mischung aus Wasserski, Wellenreiten und Snowboarden. 30 km/h Zuggeschwindigkeit am 770 m langen Seil ermöglichen spritzige Action.

Tel.-Vorwahl Stahnsdorf: 0 33 29

Hotel
* **Hotel Sonneneck**, Potsdamer Allee 123, Tel. 6 38 50, Fax 63 85 31. Ruhig schläft man in den vier zur Rückseite liegenden Zimmern, Restaurant mit Wintergarten.

3 Schwielowsee

Vier geschichtsträchtige Orte laden zum Besuch.

Wie ein Medaillon hängt der 6 km lange und bis zu 2 km breite Schwielowsee an der Havel. Vier »Gebilde von Menschenhand«, wie Fontane schrieb, bereichern die Ufer, die Dörfer Caputh, Ferch, Petzow und Geltow. Vom Wasser aus bieten sie die schönsten Bilder. Aus dem nahen Potsdam kommend, gleiten die Fahrgastschiffe über den Templiner See und erreichen durch das enge Caputher Gemünde den Schwielowsee.

Caputh, ein liebliches Ferienidyll, besitzt mit seinem *Schloss* (1662) das wichtigste Zeugnis barocker Baukunst des ausgehenden 17. Jh. in der Mark. Der Speisesaal ist mit etwa 7000 Delfter Fliesen ausgekleidet. Nach jahrelangen Restaurierungen ist Schloss Caputh seit Herbst 1999 erstmals in seiner Geschichte vollständig zu besichtigen (Mitte Mai – Mitte Okt. Di–So 10–17 Uhr, Mitte Okt.–Mitte Mai Sa, So 10–16 Uhr). Den barocken *Park* hat Peter Joseph Lenné 1828 in einen Landschaftsgarten umgestaltet. Die *Dorfkirche* (1848–52) gegenüber dem Schloss bekam ihr neoromanisches Aussehen von Friedrich August Stüler. Caputh zog schon viele Berühmte an: König Friedrich IV. von Dänemark weilte hier, Sachsens Kurfürst August der Starke, später dann Charlie Chaplin, Heinrich Mann und *Albert Einstein*. Der Begründer der Relativitätstheorie und Nobelpreisträger für Physik des Jahres 1921 besaß in Caputh ein Holzhaus, in dem er von 1929 bis 1932 wohnte (Am Waldrand 17). Am Caputher Gemünde tut die alte *Fähre* seit 1853 Dienst, an zwei dicken Stahlseilen wird sie zwischen Caputh und Geltow hin- und hergezogen.

Ruhe und Entspannung findet man in **Ferch**. Der hübsche Ort am Südufer des Sees besitzt eine reizende *Fachwerkkirche* und einige alte reetgedeckte *Fachwerkhäuser*. In einem Innenhof präsentiert sich Mai–Sept. die *Fercher Obst-*

Gartenkünstler Lenné

1816 war der in Bonn geborene Peter Joseph Lenné (1789–1866) nach Potsdam gerufen worden. An die Arbeit machte er sich mit den Worten: »Es ist kaum eine Landschaft, geschweige eine Feldmark denkbar, welche unter der ordnenden Hand des Künstlers der ästhetischen Ausschmückung und der ökonomischen Verbesserung durch Anpflanzung unfähig wäre«. ›Buddelpeter‹ wurde Lenné bald genannt, weil er in der kargen märkischen Landschaft Baumgruppen, Blumen, Rasenflächen und Seen zu Parklandschaften komponierte, die noch heute gerühmt werden. Der Park Sanssouci und der Neue Garten in Potsdam wurden zu seinen Meisterwerken. Es ist schon erstaunlich, wie viele Gartenanlagen in der Mark bis hinauf ins Mecklenburgische vom General-Gartendirektor Lenné – König Friedrich Wilhelm IV. hatte ihn dazu berufen – gestaltet wurden.

Im Januar 1866 waren seine Mitarbeiter dabei, einen silbernen Lorbeerkranz mit 50 vergoldeten Blättern anzufertigen, auf jedem sollte der Name eines von Lenné geschaffenen Parks stehen. Mit dem Kranz wollten sie ihren Chef zum 50-jährigen Dienstjubiläum am 23. Januar überraschen. Doch dieser Tag sollte Lennés Todestag werden, der Jubiläumskranz wurde dem Trauerzug vorangetragen.

kistenbühne, ein Kleinkunst-Freilichttheater (Dorfstr. 3a).

Ein schönes Dorfensemble der ersten Hälfte des 19. Jh. bietet **Petzow** am Westufer, verwaltungsmäßig ein Ortsteil der Stadt Werder. Hier legen die Schiffe beim *Schlosspark* an, der sein Aussehen von Peter Joseph Lenné bekam. Geschickt hat der Gartenkünstler in die Parkgestaltung eine Bucht des Schwielowsees einbezogen, so entstand der heutige Haussee. Das *Schloss* (19. Jh.) mit vier zinnenbekrönten Rundtürmen soll Schinkel geschaffen haben. Auf den Grelleberg setzte Schinkel eine *Kirche* (1841–43), die mittels einer Bogenhalle den freistehenden Westturm an sich klammert. Von den Zeigern der Turmuhr sollte sich niemand irritieren lassen – sie ist Attrappe. Vom Kirchturm wandert der Blick über Lennés grünes Kunstwerk.

In **Geltow** hat 1888 Kaiser Friedrich III. die *Dorfkirche* eingeweiht, 9 Tage vor seinem Tod. Zum Gedenken an ihn wurde rechts neben dem Altar eine Tafel angebracht. Auf dem Franzensberg saß in dem *Backsteinhaus* mit dem schlanken Turm um 1870 der preußische Prinz Carl und erfreute sich an seiner umfangreichen Waffensammlung. Leider verschwand diese Sammlung in den Wirren des Zweiten Weltkrieges, und auch der Turm ist nicht mehr zugänglich.

Praktische Hinweise

Tel.-Vorwahl Caputh, Ferch, Petzow, Geltow: 03 32 09

Information: Fremdenverkehrsverein Schwielowsee, Lindenstr. 56, Caputh, Tel. 7 08 99, Fax 7 08 98

Hotels
** Landhaus Haveltreff, Weinbergstr. 4, Caputh, Tel. 7 80, Fax 7 81 00. Direkt am Havelufer gelegen.

* Märkisches Gildehaus, Schwielowseestr. 58, Caputh, Tel. 7 02 65, Fax 7 08 36. Im Grünen direkt am Seeufer.

* Haus am See, Neue Scheune 19, Ferch, Tel. 7 09 61/7 09 55, Fax 7 04 96. Das beliebte Ausflugsziel direkt am Seeufer hat einen neuen Hoteltrakt.

Restaurant
Fährhaus, Straße der Einheit 88, Caputh, Tel. 7 02 03. Herrlicher Blick von der Veranda auf das Gemünde.

Anlaufstelle der Weißen Flotte – Werder mit Heiliggeistkirche und Bockwindmühle

4 Werder/Havel und Umgebung

Blühendes Zentrum des havelländischen Obstanbaus.

Türmereich ist die Silhouette des malerischen, von vier Havelseen umgebenen Inselortes **Werder**. Die Dominante bildet der fünfspitzige, von Chortürmen flankierte Westturm der **Heiliggeistkirche** (1856–58), ein neogotischer Bau nach Entwurf des Schinkel-Schülers Friedrich August Stüler. Und vom Mühlenberg reckt die alte **Bockwindmühle**, die nach Brand des Vorgängerbaus 1973 aus dem 100 km entfernten Klossa hierher umgesetzt wurde, ihre mächtigen Flügel in die Luft. Viel Atmosphäre strahlt die historische Altstadt (Stadtrecht seit 1459) mit ihren engen Gassen aus. Erst seit Beginn des 20. Jh. hat sich Werder auch über die Insel hinaus ausgedehnt.

Der Ort war ursprünglich im Besitz des Klosters Lehnin, dessen Mönche hier schon im Mittelalter Weinbau betrieben. Im 18. Jh. lösten Obstplantagen die Weingärten ab. Erdbeeren, Süß- und Sauerkirschen, Äpfel und Birnen gibt es noch heute in Fülle – frisch bei den Erzeugern oder auch eigenhändig zu ernten. Obwohl nach der Einheit etwa ein Drittel der riesigen Obstanbauflächen stillgelegt wurden, bildet die sympathische Inselstadt nach wie vor das Zentrum des havelländischen Obstgartens. So ist es kein Wunder, dass es ein **Obstbaumuseum** gibt, in dem eingehend über die Geschichte der Werderaner Landwirtschaft informiert wird (Kirchstr. 6/7, April–Mitte Okt. Mi 10–16, Sa, So 13–17 Uhr). Trubelig wird es Ende April/Anfang Mai, wenn das ebenso traditionsreiche wie weinselige **Baumblütenfest** Zehntausende Besucher nach Werder zieht.

Halb Berlin, so wird in dieser Gegend behauptet, sei aus Ziegeln erbaut, die aus **Glindow** kamen (2 km südwestlich von Werder). Ende des 19. Jh. existierten hier nämlich mehr als 50 Brennöfen. Über die Geschichte dieser Produktionsstätten informiert das *Märkische Ziegeleimuseum*. Es befindet sich im denkmalgeschützten Turm, von dem aus der Ziegeleibesitzer damals seine Arbeiter beobachten ließ. Auch die Lebens- und

›Bretterknaller‹ heißt der heimtückische Obstwein, der beim Werderaner Baumblütenfest ausgeschenkt wird

Arbeitsbedingungen der Ziegler werden im Museum dokumentiert. Von der obersten Turmetage bietet sich ein schöner Blick auf die Umgebung und die benachbarte Ziegelei, die Ziegel für denkmalgeschützte Bauten herstellt (Alpenstr. 47, März–Okt. Mi–So 10–16 Uhr).

Nördlich von Werder liegt das kleine Dorf **Paretz**, der sommerliche Lieblingssitz von König Friedrich Wilhelm III. und dessen Gemahlin Luise. Hier hatten sie ihr ›Schlösschen still im Land‹. Mit Schloss, Park und Kirche war 1795–1803 unter David Gillys Leitung ein frühklassizistisches Musterdörflein entstanden. Nach dem Zweiten Weltkrieg war das *Schloss* bis zur Unkenntlichkeit verändert worden, nach Abschluss der gegenwärtigen Bauarbeiten wird es wieder sein Aussehen von 1797 haben. Die Zeit gut überstanden hat die ockerfarbene, gotisierend überformte *Kirche* mit ihrer Königsloge, in der eine von Gottfried Schadow geschaffene Tontafel zum Gedenken an die beliebte Königin Luise hängt.

Wer von Paretz in westlicher Richtung weiterfährt, erreicht nach 3 km **Ketzin** mit engen Gassen, einstöckigen Häuschen und kopfsteingepflasterten Straßen. Die ältesten Teile der *St.-Petrikirche* stammen aus dem 12. Jh., ihr barocker Emporensaal birgt schöne Ausstattungsstücke des 18. Jh. Eine Fähre verbindet Ketzin mit Schmergow am südlichen Havelufer.

5 Brandenburg/Havel

Ein Bilderbuch mittelalterlicher Geschichte.

Keine andere Stadt in der Umgebung Berlins besitzt auch nur annähernd so viele Sehenswürdigkeiten aus dem Mittelalter wie das uralte Brandenburg, das der ganzen Mark seinen Namen gab. Drei einst selbstständige historische Siedlungskerne, alle durch die Havel und ihre Nebenarme voneinander getrennt, bilden heute die baukünstlerisch bedeutende Stadtanlage, in der es noch viel zu restaurieren gibt.

Geschichte Auf der Insel, die heute den Dom trägt, entstand spätestens im 8. Jh. eine slawische Burg, die im Winter 928/29 König Heinrich I. eroberte. Sein Sohn Otto der Große stiftete 948 hier das Bistum Brandenburg. Die erste urkundliche Erwähnung der ›**alten Stadt Brandenburg**‹ erfolgte 1170, die der planmäßig angelegten **Neustadt** 1196. 1715 schloss König Friedrich Wilhelm I. beide zur ›Vereinigten Chur- und Hauptstadt Brandenburg‹ zusammen, die Dominsel wurde erst 1929 eingemeindet. Seine Hauptstadtfunktion hatte Brandenburg bereits im 17. Jh. verloren, als Potsdam zur fürstlichen Residenz aufgestiegen war. In der NS-Zeit wurden im **Zuchthaus Brandenburg-Görden** etwa 2000 Menschen aus 19 Ländern umgebracht. Auch der 1994 verstorbene Erich Honecker war hier inhaftiert, was ihn allerdings später nicht daran hinderte, seinerseits Kritiker des SED-Regimes an diesem Ort einzusperren. Aufgrund seiner bedeutenden Industrien erlitt Brandenburg im Kriegsjahr 1944 schwere Bombenschäden.

Besichtigung Von der **Friedenswarte** ❶, dem Aussichtsturm auf dem Marienberg, sind die Dominsel sowie die beiden anderen historischen Siedlungskerne gut erkennbar: die Altstadt südlich der Gotthardtkirche und jenseits der Havel die Neustadt um die Katharinenkirche. Von der Befestigung der Altstadt haben sich der mit Spitzbogenblenden gezierte **Rathenower Torturm** ❷ und der mit filigranem Kranz gekrönte **Plauer Torturm** ❸ erhalten, von der Neustadt zeugen heute noch der runde **Steintorturm** ❹ und der achteckige **Mühlentorturm** ❺ (beide um 1411).

In der Altstadt

Der feingliedrige Hallenbau der **St. Gotthardtkirche** ❻ (15. Jh., Westbau 12. Jh.) ist reich ausgestattet: eine romanische *Bronzetaufe* des 13. Jh., eine schöne spätgotische *Triumphkreuzgruppe* und einen kostbaren *Gobelin* mit der Darstellung der Einhornjagd (1463). Die *Kanzel* aus Sandstein, eine der schönsten im Land, hat 1623 die Tuchmachergilde gestiftet.

Feuchtfröhliches Vergnügen in der Stadt verspricht das neue **Marienbad** ❼ mit Röhrenrutsche, Wasserfall, Whirlpool, mehreren Freibecken und Saunalandschaft. Ein Abstecher nach der Besichtigungstour lohnt sich allemal.

Ein Meisterwerk der profanen Backsteingotik steht am nahen Markt. Das **Altstädtische Rathaus** ❽ (1470/80) mit Staffelgiebel und Maßwerkzier wirkt seines Turms wegen fast wie eine Kirche. Grimmig und mit erhobenem Schwert wacht neben dem Hauptportal der Brandenburger **Roland**. 1474 ist die 534 cm hohe Sandsteinskulptur ursprünglich für das Neustädter Rathaus entstanden. Über die Bedeutung der Rolandsfigur sind sich die Historiker uneins, die einen halten sie für das sichtbare Zeichen mittelalterlicher Marktrechte, andere sehen sie als generelles Symbol des Rechts.

Über die Plauer Straße und dann links abzweigend erreicht man das **Museum im Frey-Haus** ❾. In dem schönen Barockbau (1723) mit prächtigem Treppenhaus wird mit interessanten Exponaten

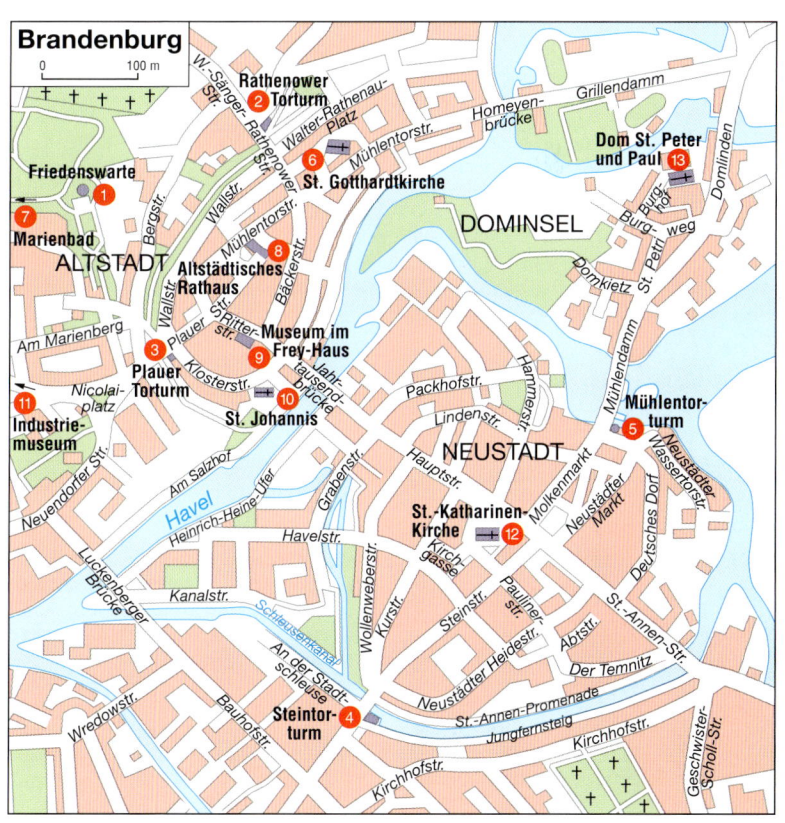

Im Vogelflug über Brandenburg – am lin- ▷
ken Ufer der Havel liegt die nierenförmig
gewachsene Altstadt, rechts davon die
Neustadt mit der Katharinen-Kirche und
im Mittelgrund dahinter die Dominsel

zum heimatkundlichen Exkurs gebeten
(Ritterstr. 96, Di–Fr 9–17 Uhr, Sa/So
10–17 Uhr). Einen Katzensprung Richtung Havel liegt die Ruine der Franziska-
nerkirche **St. Johannis** ❿, ein einschiffi-
ger Backsteinbau des 13. Jh. Nahebei findet sich die Schiffsanlegestelle, von der
aus Dampfer zum Beetzsee, nach Paretz
und nach Potsdam fahren.

Zu DDR-Zeiten war das Stahl- und
Walzwerk mit rund 10 000 Beschäftig-
ten der größte Arbeitgeber der Stadt. Im
Industriemuseum ⓫ westlich der Altstadt bemüht man sich, den Besuchern
die industrielle Vergangenheit anschaulich näher zu bringen, zu sehen ist etwa
der letzte *Siemens-Martin-Ofen* West-
europas (August-Sonntag-Str. 5, Di–So
10–17 Uhr, Nov–Feb 10–16 Uhr).

Durch die Neustadt zur Dominsel bis zum Beetzsee

Der Einkaufsboulevard Brandenburgs ist
die Hauptstraße. Hier plätschert der **Frit-**

Gut bewacht vom Brandenburger Roland –
fast schon sakral wirkt Brandenburgs Alt-
städter Rathaus mit seinem Turm

ze-Bollmann-Brunnen, in den die acht
Strophen des Spottliedes ›Fritze Boll-
mann wollte angeln (…)‹ eingemeißelt
sind. Die Brandenburger Lokaltype er-
trank im Beetzsee. Rechts der Hauptstraße ragt mächtig die **St.-Katharinen-
Kirche** ⓬ auf. Den großartigen, 1401
vollendeten Bau des Hinrich Brunsberg
aus Stettin zeichnen außen die enorm dekorativ gestalteten *Kapellengiebel* aus –
Spitzenleistungen des spätgotischen De-
korationsstils. Innen beeindrucken im
Chor die *Gewölbemalereien* (um 1430)
und der vierflügelige *Schnitzaltar,* dessen
Bilder die Legenden der Heiligen Katha-

rina und Amalberga erzählen, ferner der *Hedwigsaltar* in der Südkapelle, die *Bronzetaufe* von 1440, die *Kanzel* mit Altartisch (1668) sowie etliche *Renaissance-* und *Barockgrabmäler*.

Über den Neustädtischen Markt (mit hübschen Fassaden des 18. Jh. an der Ostseite) und vorbei am zinnenbewehrten Mühlentorturm gelangt man auf die Dominsel, das ursprüngliche Herz der slawischen ›Brendanburg‹. Ein absolutes **TOP TIPP** Muss ist hier die Besichtigung des **Doms St. Peter und Paul** ⓭, dessen älteste Teile aus dem Jahr 1165 stammen. Karl Friedrich Schinkel attes-

tierte dem Bauwerk in einem Gutachten 1827, es werde wohl kaum die Jahrtausendwende erleben, da es zwischen den Havelarmen auf unsicherem Grund stehe. Damit seine Prophezeiung nicht eintritt, bemüht sich ein bundesweiter Förderverein, den Dom zu retten; noch mehrere Jahre werden die aufwendigen Sanierungsarbeiten andauern. Zu den Kostbarkeiten des Gotteshauses gehören der *Böhmische Altar* (um 1375) mit einer geschnitzten Marienkrönung und den gemalten böhmischen Landesheiligen Sigismund, Veit und Wenzel (heute im südlichen Querhausarm), das hölzerne *Sakramentshäus-*

Kostbarer Schatz im Dommuseum Brandenburg – Chormantel mit böhmischer Stickerei aus der 2. Hälfte des 15. Jh.

chen (1375) und das steinerne *Taufbecken* (14. Jh.). Ebenfalls sehenswert sind die spätromanischen Kapitelle in der *Krypta* und die wohl gleichzeitig reich ausgemalte sog. *Bunte Kapelle* zwischen nördlichem Querhausarm und Chor. Wertvollste Schätze bewahrt auch das **Dommuseum** im Klausurgebäude neben dem Hochchor. Highlights sind hier die *Gründungsurkunde* des Bistums Brandenburg aus dem Jahr 948, das *Brandenburger Evangelistar* (13. Jh.) sowie die Sammlung mittelalterlicher Textilien mit dem *Hungertuch*, einer Leinenstickerei von 1290 (Mo–Fr 10–17, Sa 10–18, So 11–18 Uhr).

Am Grillendamm nördlich der Dominsel beginnt der sich 21 km lang hinziehende **Beetzsee**, ein eiszeitlicher Rinnensee, der nun eines der zahlreichen Naherholungsgebiete der Brandenburger bildet.

Ausflug

In seen- und waldreicher Gegend liegt das von Zisterziensern – den Wegbereitern der Ostkolonisation – errichtete **Kloster Lehnin** (20 km südöstlich von Brandenburg). Es war 1180 von Markgraf Otto I. als Hauskloster und Begräbnisstätte der Askanier (des ersten Herr-

schergeschlechts in der Mark Brandenburg) gegründet worden. Nach der Reformation verfiel die Anlage. Erst ab 1871 begann die Wiederherstellung der Kirche, des Korn-, Abts- und Torhauses sowie der Klostermauer. Heute befinden sich in den Konventsgebäuden diakonische Einrichtungen und ein Krankenhaus. Die dreischiffige *Klosterkirche* mit stattlichem Dachreiter, 1180 im romanischen Stil begonnen und 1262 im gotischen beendet, gilt neben Chorin als der bedeutendste Bau der Zisterzienser in Brandenburg. In der lang gestreckten kreuzförmigen Pfeilerbasilika aus Backstein sind vor allem der Schnitzaltar (1476) und das spätromanische Kruzifix (um 1230) sehenswert.

Praktische Hinweise

Tel.-Vorwahl Brandenburg: 0 33 81

Information: Brandenburg-Information, Hauptstr. 51, Tel. 1 94 33, Fax 22 37 43

Hotels

******Park Hotel Seehof**, Brielow/Seehof, Tel. 75 00, Fax 70 29 10. An der Stadtgrenze zu Brandenburg direkt am Beetzsee.

*****Sorat Hotel Brandenburg**, Altstädtischer Markt 1, Tel. 59 70, Fax 59 74 44, E-Mail: Brandenburg@ Sorat-Hotels.com. Modernes Mittelklassehotel im Zentrum, mit Restaurant Parduin.

Lehnin – das erste Zisterzienserkloster der Mark Brandenburg (1180 gegründet) beherbergt heute diakonische Einrichtungen

** **Hotel-Restaurant Markgraf**, Frie-
densstr. 13, Lehnin, Tel. 0 33 82/76 50,
Fax 76 54 30. Ein kleines Haus zum
Wohlfühlen, im Restaurant brandenburgische und österreichische Küche.

6 Nauen

*Ein charmantes Ackerbürgerstädtchen und
Fontanes Ribbecker Birnbaum vor den
Toren.*

Das Gesicht der noch ländlich geprägten
Stadt Nauen bestimmen viele kleine
Fachwerkhäuser sowie Straßen und Gassen mit Kopfsteinpflaster. Sehenswert
sind das im Stil norddeutscher Backsteingotik mit hochgerecktem Turm und
Stufengiebel erbaute **Rathaus** (um 1890)
und die spätgotische, zuletzt 1875 erneuerte **Jakobikirche** mit neogotischer
Ausstattung. Der **Große Havelländische
Hauptkanal** aus dem 18. Jh. wurde 1916
erweitert. Am nordöstlichen Stadtrand,
in der Graf-Arco-Straße, wurde 1905/06
die erste **Großfunkstation** Deutschlands
eingerichtet, das Stationsgebäude und die
dazugehörige **Werkssiedlung** (1917–19)
baute der berühmte Berliner Werkbund-
Architekt Hermann Muthesius. Inzwischen nutzt die Deutsche Telekom die
Anlage, die daher nur am Tag des offenen
Denkmals besichtigt werden kann. Näheres über die Funkstation ist im **Stadtmuseum** zu erfahren, das sein Domizil in einem schönen Fachwerkbau (1820–25)
hat (Rathausplatz 2, Mi–Sa und jeden 1.
und 3. So im Monat 13.30–16 Uhr).

Ausflüge

Nur einen Katzensprung entfernt ist das
Dorf **Ribbeck** (8 km westlich), das
durch Theodor Fontanes Gedicht vom
›Herrn von Ribbeck auf Ribbeck im
Havelland‹ weithin bekannt wurde. Das
darin erwähnte ›Doppeldachhaus‹ des
Herrn von Ribbeck, in dessen Garten
einst der Birnbaum blühte, musste 1821
dem später veränderten und noch heute
existierenden *Schloss* weichen. Den
›Fontane‹-*Birnbaum* entwurzelte ein Or-
kan 1911, das heutige Prachtstück neben
der Kirche ist der vierte – aber Vorsicht,
die Früchte an seinen Ästen sehen nur
verblüffend echt aus. Die *Kirche* mit der
tonnengewölbten Familiengruft der Familie Ribbeck im südlichen Anbau wurde zu einer Begegnungsstätte umgestaltet, die Ausmalung nach historischer
Vorlage vorgenommen.

*Barockplastik vom Feinsten – Denkmal
des Großen Kurfürsten von Johann Georg
Glume (1738) in Rathenow*

Einen Abstecher wert ist auch **Rathenow** an der Havel (50 km westlich) mit
dem prachtvollen barocken *Denkmal* des
Großen Kurfürsten am zentralen Schleu-
senplatz. Es erinnert an die Vertreibung
der Schweden aus der Stadt durch Friedrich Wilhelm im Jahr 1675. Johann Georg
Glume hat ihn 1738 als römischen Im-
perator dargestellt – wohlbeleibt, über-
lebensgroß und siegesbewusst steht der
Monarch auf hohem reliefierten Posta-
ment über gefesselten Sklaven und schaut
auf die barocken *Bürgerhäuser* (18. Jh.),
die den Platz säumen. Sehenswert ist auch
die *St.-Marien-Andreas-Kirche* mit ihrem
Flügelaltar (um 1375) und einem spätromanischen Kelch (um 1260). Dem Kirch-
portal gegenüber steht das Geburtshaus
von *Johann Heinrich August Duncker*
(1767–1843). Nach der Konstruktion einer Schleifmaschine zur Brillenglasferti-
gung im Jahr 1801 gründete er die ›1. Optische Industrie-Anstalt‹ in Deutschland
und damit die später weltbekannte Rathenower optische Industrie. Deren Tradition
setzt heute ›Brillenkönig‹ Günther Fiel-
mann fort. Dunckers Andenken ist die
Bronzebüste auf dem Bahnhofsvorplatz
gewidmet und auch das *Kreismuseum* in
der Rhinower Str. 19d (Di–Do 9–17, So
13.30–16.30 Uhr) hat den Optiker in den
Mittelpunkt seiner Ausstellung gerückt.

Praktische Hinweise

Tel.-Vorwahl Nauen: 0 33 21

Information: Tourist Information,
Waldemardamm 3, Tel. 4 03 51 19,
Fax 4 03 51 23.

Prignitz, Ruppiner Land und Uckermark – Natur, Kunst und Kultur

Im Norden Berlins, zwischen Elbe und Oder, hat die Eiszeit eine hügelige Landschaft mit Endmoränen und Schmelzwasserrinnen geformt. Hunderte von Seen sowie ausgedehnte Kiefern- und Laubwälder haben die von der Industrie fast vergessenen Regionen bei Naturfreunden beliebt gemacht – ein **ideales Feriengebiet** zum Baden und Segeln, für Wasser- und Radwanderungen. Um die Naturschönheiten kommenden Generationen zu erhalten, entstanden bei Templin der **Naturpark Uckermärkische Seen**, bei Perleberg der **Naturpark Brandenburgische Elbtalaue** und bei Schwedt der grenzübergreifende **Nationalpark Unteres Odertal**, der eine der letzten natürlichen Flussmündungslandschaften Mitteleuropas schützt. In der Prignitz, aber auch im östlich anschließenden Ruppiner Land, der Heimat Fontanes, ist der **Weißstorch** ein gern gesehener Sommergast. Feuchtwiesen und Kleingewässer mit Fröschen, Libellen und Käfern bieten Meister Adebar noch reichlich Lebensraum. Sehenswerte Schlösser und Herrenhäuser, so in **Oranienburg** und **Rheinsberg**, erzählen von ihren früheren Besitzern. Bedeutende kulturhistorische Bauten sind in Städten und Dörfern zu finden, am prächtigen Marktplatz von **Perleberg**, in der alten Bischofsstadt **Wittstock**, zwei Kirchen und ein Tempelgarten in **Neuruppin**, eine fast vollständig erhaltene mittelalterliche Stadtbefestigung in **Templin** und viele Fachwerkhäuser in den engen Gassen von **Angermünde**.

7 Oranienburg

Eine Prinzessin gab der Stadt den Namen.

Fisch und Eiche im heutigen Wappen von Oranienburg deuten auf den Wald- und Fischreichtum dieses Landstrichs hin. Prinzessin Luise Henriette von Nassau-Oranien war von der Gegend so angetan, dass sie sich das damalige Amt Bötzow von ihrem Gemahl, Kurfürst Friedrich Wilhelm, 1650 schenken ließ. Sie holte holländische Baumeister, die die vorhandene Wasserburg bis 1655 in ein frühbarockes **Schloss** nach niederländischen Vorbildern umwandelten. Es erhielt den Namen Oranienburg. 1688–91 erfolgte durch Johann Anton Nehring der Umbau zu einer französisch beeinflussten Dreiflügelanlage, die 1709 schließlich zur H-Form erweitert wurde. Auf diesen Bau

◁ **Oben:** *Viel gestufte Backsteinzier – die Wallfahrtskapelle in Heiligengrabe prunkt mit prächtigem Giebel*

Unten: *Gelbe Weite, grün gerändert – die Prignitz besticht durch Landschaft pur*

geht der stadtseitige pilastergegliederte Mittelrisalit mit figurengeschmückter Attika zurück. Im 19. Jh. diente das Bauwerk als Fabrik, zu DDR-Zeiten als Quartier für Grenztruppen. Von der einstigen Ausstattung blieb lediglich die reich verzierte Stuckdecke im früheren *Porzellankabinett* mit dem allegorischen Deckengemälde zur Einführung des Porzellans in Europa (Augustin Terwesten, 1697) erhalten. Das Schloss wurde inzwischen auf seine Ursprungsform zurückgebaut. Die Stiftung Preußische Schlösser und Gärten eröffnete das *Schlossmuseum.* Auch das *Kreismuseum* zog ein. Es zeigt Kunst und Kultur des 15. bis 20. Jh. und informiert über die Stadtgeschichte (beide Di–So 10–17 Uhr, Nov.–März bis 16 Uhr).

Vor dem Schloss bekam die einstige mit knapp 40 Jahren verstorbene Schlossherrin Luise Henriette ein lebensgroßes **Denkmal** (1858) aus Bronze, gewiss deshalb, weil sie laut Fontane »Oranienburg über den allerengsten Kreis hinaus ein Ansehen in der Geschichte des Landes gab«.

Zugang zum **Schlosspark** gewährt ein schönes Portal mit den allegorischen Figuren von Sommer und Herbst sowie filigranem schmiedeeisernen Ziergitter (1690). Wenige Schritte vom Schloss entfernt, in der Breite Straße 1, steht eines der ältesten Häuser der Gegend, das 1657 erbaute *Haus des Amtshauptmanns*.

Großen und kleinen Gästen bietet die neue **Erlebnis-City** Spaß. Zu ihr gehören neben der riesigen Badelandschaft mit karibischem Flair auch Saunen, Bowlingbahnen und Tennisplätze.

Sklavenarbeit – Massenmord

Oranienburg ist aber auch mit dem dunkelsten Kapitel deutscher Geschichte verbunden. In der Stadt errichteten die Nazis im März 1933, einen Tag vor Dachau, ihr erstes **Konzentrationslager**, dem drei Jahre später im Ortsteil **Sachsenhausen** ein viel größeres folgte. ›Vernichtung durch Arbeit‹ – bis 1945 fanden hier etwa 100 000 Menschen aus 47 Nationen den Tod. 1945–50 nutzte die sowjetische Besatzungsmacht ihrerseits das Gelände als Internierungslager, in dem vermutlich 10 000 Menschen umkamen. **Gedenkstätte und Museum** erinnern heute auf beklemmende Weise an brutalen Terror und Massenmord (Straße der Nationen 22, Okt.–März Di–So 8.30–16.30, April–Sept. Di–So 8.30–18 Uhr).

TOP TIPP

Praktische Hinweise

Tel.-Vorwahl Oranienburg: 0 33 01

Information: Tourist-Information, Bernauer Str. 52, Tel. 70 48 33, Fax 70 48 34

Stete Gäste in Linum – das feuchte Rhinluch bietet Störchen ideale Lebensbedingungen

Erhaltenswert – Kremmens älteste Traufenhäuser in der Dammstraße harren der Sanierung

Hotel

** **Hotel an der Havel**, Albert-Buchmann-Str. 1, Tel. 69 20, Fax 69 24 44, Internet: www.havelhotel.de. Angenehm eingerichtete Zimmer.

Restaurant

Gasthof Oranjehus, Clara-Zetkin-Str. 31, Tel. 70 12 44. Umfangreiches und schmackhaftes Speisenangebot.

8 Kremmen

Ruhe und Beschaulichkeit am Rand des Ruppiner Landes.

Kremmen, 1216 schon erwähnt, entstand bei einer Burg am Kremmener Damm, dem jahrhundertelang einzigen Verbindungsweg durch eine von zahllosen Gewässern und Feuchtgebieten geprägten Landschaft. Der Ort entwickelte sich zu einer typischen Ackerbürgerstadt. Ihren Mittelpunkt bildet der dreieckige Marktplatz mit einer harmonischen Bebauung aus dem 19. Jh., zu der das klassizistische **Rathaus** von 1840 gehört. Idyllisch wirkt der Kirchplatz mit der **Nikolaikirche** (15. Jh.), die eine außergewöhnlich vollständige Barockausstattung birgt.

Typisch für Kremmen sind zweigeschossige **Traufenhäuser**. Die drei ältesten, im 17. Jh. erbaut, stehen in der Dammstraße Nr. 16, 18 und 20. Im Süden der Stadt blieb das **Scheunenviertel** mit rund 50 Gehöften erhalten, die nach einem großen Brand 1840 außerhalb der Stadtmauern angelegt wurden, um Lagermöglichkeiten für leicht brennbares Gut wie Stroh und Heu zu schaffen.

Der **Ruppiner Kanal** nördlich der Stadt durchfließt den Kremmener See, er verbindet die Havel mit dem Rhin und somit die Berliner Wasserwege mit der Mecklenburgischen Seenplatte. Westlich der Straße Kremmen – Sommerfeld erstreckt sich das **Kremmener Luch**, eine feuchte Moorniederung mit Schilfmatten, Wäldern, Feldern und Heideflächen. Im Herbst rasten hier bis zu 10 000 Kraniche, deren schmetternde Rufe oft kilometerweit zu hören sind.

Ausflug

Am Rand des *Rhinluchs*, einer ebenen Landschaft mit ausgedehnten Flachmooren und sumpfigen Wiesen, liegt das Storchendorf **Linum** (10 km östlich von Kremmen). Jährlich nisten hier etwa 15 Storchenpaare, da das Luch den Tieren reichlich Nahrung bietet. In der *Dorfschmiede* vermittelt eine Ausstellung Wissenswertes zum Thema Storch.

Praktische Hinweise

Tel.-Vorwahl Kremmen: 03 30 55

Hotels

****Schloss Ziethen, Groß Ziethen, Tel. 9 50, Fax 95 59. Wohnen wie ein Prinz im Schloss, in der ehem. Orangerie im Park kann man gut speisen.

***Kremmener Luch, Am Seeweg 4a, Tel. 7 03 56, Fax 7 04 43. Auf 64 Pfählen steht das neue Hotel direkt im Kremmener See, Spezialität des Restaurants sind Fisch- und Rindfleischgerichte.

9 Fehrbellin

Ein Sieg, nach dem der Brandenburger Landesvater Friedrich Wilhelm als ›Großer Kurfürst‹ tituliert wurde.

1675 donnerten bei Fehrbellin die Kanonen, schwedische und brandenburgische Truppen kämpften miteinander. 11 000 Schweden mit 38 Kanonen standen nur 5600 Brandenburger mit 13 Kanonen gegenüber. Die Mannen von Kurfürst Friedrich Wilhelm besaßen aber die größere Kampfmoral, sie wurden von Prinz von Homburg taktisch klüger geführt und siegten. Die Schweden, damals die füh-

Viktoria über dem Großen Kurfürsten – Erinnerung an die ereignisreiche Schlacht von Fehrbellin in Hakenberg

rende Militärmacht Europas, flohen Hals über Kopf. Nach diesem Sieg wurde Brandenburgs Landesvater der ›**Große Kurfürst**‹ genannt. Im Fehrbelliner Kurfürstenpark wird der Heerführer mit einem **Denkmal** geehrt, Kaiser Wilhelm II. hat es 1902 enthüllt.

Fehrbellin ist ein Städtchen ohne Marktplatz, Rathaus oder Befestigungsanlage. Doch schmücken zahlreiche Fachwerkhäuser den Ort und es gibt eine beachtenswerte **Stadtkirche**. Sie ist das letzte Werk des Schinkelschülers Friedrich August Stüler und wurde zwei Jahre nach dessen Tod 1865 erbaut.

Westlich von Fehrbellin, das 1216 erstmals genannt wird, breitet sich das einst moorige **Havelländische Luch** aus. Pappeln und Weiden säumen die unzähligen Wassergräben, die in einem verzweigten Netz die weiten Wiesen und Ackerflächen durchziehen.

Der Kampf von 1675 ging als ›Fehrbelliner Schlacht‹ in die Geschichtsbücher ein, obwohl sich die Kontrahenten im 6 km entfernten **Hakenberg** gegenüberstanden. Dort erinnert ein *Denkmal* in Form eines Vasenpostaments (1800) mit einem Schutzgitter (1857) an das blutige Ereignis. Auf den nahen Kurfürstenhügel, zu dem eine schnurgerade Lindenallee führt, stellte man die **Siegessäule**, einen 34 m hohen säulenförmigen Aussichtsturm (1875–79), der von der geflügelten Göttin Viktoria bekrönt wird (ein Bronzenachguss des Originals von Christian Daniel Rauch). Am Fuße der Säule ist eine Nachbildung der Büste des Großen Kurfürsten von Andreas Schlüter eingelassen. Vom Turm hat man einen guten Überblick über das **Ländchen Bellin** zwischen Havelländischem Luch und Rhinluch im Osten.

10 Neustadt/Dosse

Pferde voller Eleganz und Temperament sowie eine berühmte Mumie.

Die kleine Siedlung an einem Übergang des Flüsschens Dosse blühte erst auf, als Landgraf Friedrich II. von Hessen-Homburg (jener ›Prinz‹ der Schlacht von Fehrbellin, vgl. Nr. 9) in der zweiten Hälfte des 17. Jh. einige Manufakturen ansiedelte und 1694 ein Gestüt gründete. Seitdem ist Neustadt **Pferdestadt**. Preußenkönig Friedrich Wilhelm II., der an kräftigen Kavallerie-Pferden interessiert war, setzte die Pferdezucht fort, er ließ 1788 das nach ihm benannte Friedrich-Wilhelm-Gestüt (heute Hauptgestüt) und

ein Jahr später das Hengstdepot, das Gestüt Graf Lindenau (heute Landgestüt), gründen.

Aus dem heutigen **Brandenburgischen Haupt- und Landgestüt** kommen edle Warmblutpferde, alle mit dem Neustädter Brandzeichen: ein von einer Schlange umwundener Pfeil symbolisiert Schnelligkeit und Gewandtheit. Die **großzügigen Anlagen** mit den barocken, schlossartigen Hauptbauten sowie Wohn-, Stall- und Wirtschaftsgebäuden vom Ende des 18. Jh. stehen für Spaziergänge offen. Zur Besichtigung bietet sich die **Kutschensammlung** an (geöffnet nach Absprache, Tel. 1 34 94 oder 1 34 95).

Wer die 150-jährigen Kutschen in Aktion erleben möchte, besucht eine der vom Gestüt veranstalteten Paraden und Vorführungen. Hauptattraktion sind die jährlich im September an vier Sonntagen stattfindenden **Hengstparaden** auf dem Turnierplatz. Große Mehrspänner, Spring- und Dressurquadrillen, historisch gekleidete Bereiter und Fahrer begeistern dabei die vielen Schaulustigen (Kartenvorbestellung unter Tel. 1 34 94 oder 1 34 95, Fax 1 33 85).

Originell ist die barocke **Kirche** von Neustadt, sie wurde 1669 auf dem Grundriss eines griechischen Kreuzes errichtet und war damit der erste Zentralbau Brandenburgs. In ihrer Umgebung stehen mehrere schöne **Fachwerkhäuser**. Als architektonische Kostbarkeit gilt der klassizistische **Bahnhof**, der 1846/47

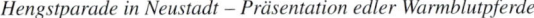

Hengstparade in Neustadt – Präsentation edler Warmblutpferde

im Zuge des Bahnlinienbaus Berlin–Hamburg entstand. Im Ortsteil **Spiegelberg** erinnern herrenhausähnliche Gebäude mit Park sowie weitere Fachwerkhäuser an die größte Spiegelfabrik Brandenburg-Preußens. 1688–1844 ließen hier die Kurfürsten und preußischen Könige die Spiegel für die Berliner und Potsdamer Schlösser fertigen.

Eine ungewöhnliche Sehenswürdigkeit bietet die frühgotische Feldsteinkirche des Ortsteils **Kampehl** mit der Mumie des ›ledernen‹ Ritters Kahlbutz (April–Okt. Di–So 10–12 und 13–17, Nov.–März Mi–So 10–12 und 13–16 Uhr).

Ausflug

Gute Bade- und Wassersportmöglichkeiten bietet **Wusterhausen**, wenige Kilometer nordwärts am Südzipfel der Kyritzer Seenplatte gelegen. Die 1232 erstmals erwähnte kleine Stadt an der Dosse kam im 15. und 16. Jh. durch das Salzmonopol zu relativem Wohlstand. An diese Blütezeit erinnert die spätgotische Stadtkirche *St. Peter und Paul* mit ihrem gedrungenen Westturm, der sich dicht ans Kirchendach duckt. Malerisch ist die Innenausstattung mit figurenbestückter Kanzel, bemalten Emporen, hübschem Altaraufbau (17./18. Jh.), barocker Orgel und spätgotischem Chorgestühl. Später brachte das Schuhmacherhandwerk Wohlstand und machte Wusterhausen – scherzhaft – zu ›Schusterhausen‹. Zahlreiche *Fachwerkhäuser* (17./18. Jh.) prägen das Stadtbild, in eines der schönsten zog das *Heimatmuseum*, das eine breit gefächerte Sammlung bietet (Markt 3, Di, Do 10–17, Fr 10–16, Sa 13–16 Uhr).

Tel.-Vorwahl Neustadt/Dosse: 03 39 70

Information: Amt Neustadt, Bahnhofstr. 6, Tel. 9 52 12, Fax 1 34 45

Hotel
** **Parkhotel St. Georg**, Prinz-von-Homburg-Str. 35, Tel. 9 70, Fax 97 40. Sauna, Solarium, Beautyfarm sind ebenso vorhanden wie Restaurant und Café.

* **Lindenhof**, Barsikower Weg 6, 16845 Rohrlack, Tel. 03 39 28/7 03 99, Fax 7 03 89. Kleine familiär geführte Pension (4 Zi. und der Spitzboden, in dem für Familien mit Kindern aufgebettet wird) sowie das Gestüt mit rund drei Dutzend Pferden.

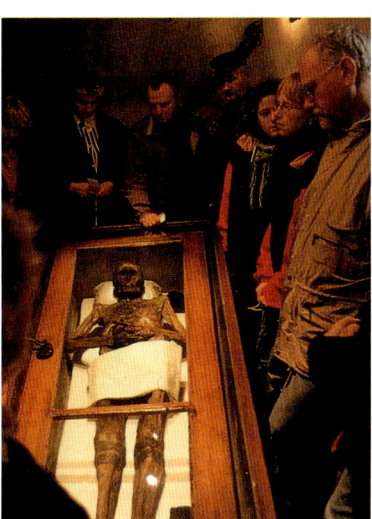

Märkische Merkwürdigkeit in Kampehl – Ritter Kahlbutz will partout nicht verwesen

Legenden um den Ritter Kahlbutz

Als 1794 die Kampehler Kirche renoviert wurde, bettete man die Särge um und fand dabei eine Mumie – jene des 1702 gestorbenen Ritters Christian Friedrich von Kahlbutz. Ältere erzählten damals, er habe einen Schäfer erschlagen, weil dessen Braut ihm das **Recht der ersten Nacht** *verweigerte. Vor Gericht leugnete Kahlbutz die Tat und schwor: »Wenn ich der Mörder bin, mag einst mein Körper nicht verwesen.« Neben elf ehelichen werden dem* **Lebemann** *mehr als 30 Kinder nebenher nachgesagt.*

Die berühmte Mumie von nur 6,5 kg Gewicht zieht nicht nur Besucher massenhaft an, auch berühmte Mediziner kamen. Die Ärzte **Rudolf Virchow** *und* **Ferdinand Sauerbruch** *untersuchten Kahlbutz, 1983 steckte ihn* **Prof. Meinhard Lüning** *gar in einen Computertomographen der Berliner Charité und überraschte mit einer Neuigkeit: Der Tote ist vermutlich gar nicht Kahlbutz, denn der sei bei der Fehrbelliner Schlacht am Knie verletzt worden. An den sterblichen Überresten aber war keine Verletzung zu erkennen. Ob Ritter Kahlbutz oder nicht –* **Touristenmagnet** *bleibt die Mumie weiterhin.*

Da hilft kein Schreien, der Kopf muss weg – alle zwei Jahre findet in Kyritz das Bassewitzfest statt, ein grausames Spektakel

11 Kyritz

Ein Städtchen – reich an Geschichte und Geschichten – mit dem Naherholungsgebiet der Kyritzer Seenkette vor der Tür.

Kyritz, bereits 1237 mit Stadtrecht betraut, trägt den lustigen Beinamen ›an der Knatter‹, obwohl durch das ehem. Hansestädtchen die Jäglitz fließt! Knatternd-klappernde Wassermühlen an deren Ufer

waren Namen gebend. Sie sind verschwunden, der Beiname aber blieb.

Im Osten des Zentrums stehen noch beträchtliche Reste der mittelalterlichen **Stadtbefestigung** (13./14. Jh.). Den historischen Ortskern von Kyritz prägen ansehnliche **Fachwerkhäuser** (besonders schöne in der Joh.-Seb.-Bach-Straße) sowie schmucke **Jugendstil-** und **Gründerzeitbauten**. Am lang gestreckten hübschen Marktplatz mit einer 1814 gepflanzten **Friedenseiche** liegt das mit einem Uhrturm gezierte **Rathaus**, das nach einem Brand 1879/80 errichtet wurde. Der kastellartige, schön gegliederte Backsteinbau gehört zu den eindrucksvollsten in der Mark. Innen wird das Schwert des Raubritters *Kurt Bassewitz* aufbewahrt, von dem die Legende erzählt, dass er um 1400 wiederholt in der Stadt plündern wollte, was ihn letztlich den Kopf kostete. Ende Mai in allen ungeraden Jahren wird mit dem **Bassewitzfest**, einem mittelalterlichen Spektakel, an diesen dreisten Raubritter erinnert.

Am anderen Ende des Marktplatzes ragt die Doppelturmfassade (19. Jh.) der Pfarrkirche **St. Marien** auf, eine bemerkenswerte Hallenkirche aus dem 15. Jh., die barock und neogotisch verändert wurde. Taufstein und Kanzel sind im Inneren sehenswert. Vom im Mittelalter sehr bedeutenden ehem. **Franziskanerkloster** nördlich des Marktplatzes blieb

Mit Fachwerk- und Gründerzeitbauten zeigt sich der Markt von Kyritz giebelschön

Die ›Perle der Prignitz‹ – Rolandfigur, neogotisches Rathaus und spätgotische Jacobikirche dominieren den Altstadtkern von Perleberg

der Klausurflügel mit einem hofseitigen *Laubengang* (18. Jh.) erhalten.

Schließlich noch eine Erinnerung an den ehem. Arbeiter- und Bauernstaat: An der **Maxim-Gorki-Str. 38** weist eine Tafel darauf hin, dass Wilhelm Pieck, der erste Präsident der DDR, am 2. September 1945 in einem heute nicht mehr existierenden Saal dieses Hauses die sozialistische Bodenreform verkündete.

Ein Paradies für Erholungsuchende, Angler und Wassersportfreunde ist die nahe **Kyritzer Seenkette**. An sechs Seen unterschiedlicher Größe gibt es hübsche Uferpartien, Strände, Wanderwege, Gaststätten und Bootsverleih.

Praktische Hinweise

Tel.-Vorwahl Kyritz: 03 39 71

Information: Fremdenverkehrsverein Ostprignitz, Maxim-Gorki-Str. 32, Tel. 5 23 31, Fax 7 37 29

Hotel
* **Hotel Landhaus Muth**, Pritzwalker Str. 40, Tel. 7 15 12, Fax 7 15 13.

Ehem. Bauernhof, stilvoll und gemütlich.

Restaurants

Insel-Restaurant, Tel. 5 41 42. Auf einer Insel im Kyritzer Untersee, nur mit der Fähre oder dem Dampfer zu erreichen; die Saison beginnt jährlich zu Ostern.

12 Perleberg

Properes Fachwerk im Zentrum der Westprignitz.

Die mittelalterliche Stadtstruktur und der reiche Bestand an bemerkenswerten Bauten trugen Perleberg den glanzvollen Beinamen ›Perle der Prignitz‹ ein. Malerisch liegt diese ›Perle‹ auf einer von zwei Flussarmen der Stepenitz umschlungenen Insel. Den besten Blick auf die Altstadt hat man vom **Hagen** aus, einer aus ehem. Überschwemmungsgelände kultivierten Grünfläche im Nordosten.

Besondere Anziehungskraft besitzt der lang gezogene Große Markt mit dem sich nahtlos anschließenden Kirchplatz. Hier reihen sich alte **Bürgerhäuser**, ansehnliche Giebelbauten des 16./17. Jh. mit teilweise reichem Dekor, sowie in der Mitte freistehend das neogotische **Rathaus** (1839) mit nadelspitzem Turm und mittelalterlicher Gerichtslaube. Wer zu den Sprechzeiten kommt und das Glück hat, dass gerade keine Tagungen stattfinden, darf in den *Großen Sitzungssaal* mit Kreuzgewölbe und Deckenmalerei schauen. Am Ostende des Marktplatzes wacht auf reliefgeschmücktem Sockel seit 1546 die 5,40 m hohe steinerne Figur des Schild und Schwert tragenden **Roland** über die Geschicke der Stadt.

Hinter dem Rathaus staffeln sich Chor, hoher Blendengiebel und massiver Westturm der spätgotischen **St. Jacobikirche**. Ihr besonderes Ausstattungsstück ist ein fünfarmiger *Messingleuchter* aus dem Jahr 1475. Ein schönes Fachwerkhaus des 15. Jh. am nahe gelegenen Schuhmarkt birgt das **Heimatmuseum** (Mo–Fr 9–17, Sa 9–12 Uhr), das als bedeutendstes Regionalmuseum im Nordosten Deutschlands gilt. Die reich gefüllte Kunstkammer bietet in 19 Ausstellungsräumen mehr als 3000 Exponate, darunter neben ur- und frühgeschichtlichen Funden auch Urgroßmutters ›Supermarkt‹ – ein komplett erhaltener *Kolonialwarenladen* aus der Zeit um 1900 – oder die Erfindung der ›Perleberger Glanzwichse‹, die ab 1835 dem preußischen Militär trockene und spiegelnde Stiefel garantierte.

Ausflug

Außergewöhnlich ist die Artenvielfalt an Pflanzen und Tieren in der Region der *Elbufer* südlich von Perleberg mit den angrenzenden Wiesen- und Waldgebieten. In diesem Naturraum, der wegen des innerdeutschen Grenzstreifens lange Jahre abgeschieden lag, fanden Störche, Kraniche und Fischreiher ideale Lebensbedingungen. Sie bevölkern die Feuchtgebiete dieses Landstrichs, von den 539 km² Brandenburgs zum **Biosphärenreservat Flusslandschaft Elbe** gehören. Als Storchendorf Deutschlands wurde im Süden *Rühstädt* bekannt. Mehr als 40 Storchenpaare brüten hier, jährlich kommen mehr Storchenjunge zur Welt als das Dorf Kinder hat.

Praktische Hinweise

Tel.-Vorwahl Perleberg: 0 38 76

Information: Stadtinformation, Haus des Gastes/Wallgebäude, Puschkinstr. 14, Tel. 61 22 59, Fax 61 29 65

Hotels

*** **Neuer Hennings Hof**, Hennings Hof 3, Tel. 79 20, Fax 61 50 35. Einzeln stehend, von Wiesen und Feldern umgeben.

** **Stadt Magdeburg**, Wittenberger Str. 67, Tel. 7 80 90, Fax 78 09 26. Traditionsreiches Haus mit modern eingerichteten Zimmern, Café mit Glas-Tanzdiele, Bundeskegelbahn.

Hotel und Restaurant Hubertus, Wilsnacker Chaussee (am Eingang zum Tierpark), Tel. 78 95 90, Fax 30 04 26. Wild aus den Wäldern der Umgebung, am Nachmittag hausgemachter Kuchen.

13 Wittstock/Dosse

Dosse und Glinze umfließen die alte Bischofsstadt.

An der sog. Schwedenpappel in der Schützenstraße, im Süden der Stadt, liegt ein 4 m hoher **Granitstein**. Der 72-t-Koloss erinnert an die *Schlacht am Scharfenberg* – einer der blutigsten Kämpfe des Dreißigjährigen Krieges zwischen kaiserlich-sächsischen und schwedischen Truppen –, die 1636 vor den Toren der Stadt tobte. Als Sieger verließen damals die Schweden das Schlachtfeld, sie hatten sich damit bis Kriegsende die Herrschaft in Norddeutschland gesichert.

Über diese Schlacht informiert das **TOP TIPP** **Museum des Dreißigjährigen Krieges** – es ist nicht nur das einzige seiner Art in Deutschland, sondern in ganz Europa! Im Amtsturm der Alten Bischofsburg bietet es seinen Besuchern eine faszinierende Zeitreise. Auf sieben Ebenen wird der große Religionskrieg in allen Facetten beleuchtet und erforscht, werden Kriegsursachen, -schicksale und -zerstörungen zur Anschauung gebracht, aber auch die zeitgenössische Musik und Literatur. Dieser bemerkenswerte ›Erlebnisturm‹ bildet zusammen mit dem benachbarten **Ostprignitzmuseum** im Amtshaus die ›Museen Alte Bischofsburg‹ (Di–Do 9–17, Fr 9–13, Sa 13–16, So 11–16.30 Uhr). Im kleinen Innenhof der Anlage finden in den Sommermonaten verschiedene kulturelle Veranstaltungen statt; besonders beliebt ist das ›Theater zur Mitternacht‹ in der zweiten Junihälfte. Episoden aus dem Dreißigjährigen Krieg sind live zu erleben, wenn im Juni **Die Schweden kommen!** – ein fetziges Historienspektakel, das zwei-

Willkommen im Museum des Dreißigjährigen Krieges in Wittstock – in Europa einzigartig ist diese Schau

jährlich stattfindet (nächstens im Jahr 2004). Da wird dann die Stadt geplündert, das Rathaus besetzt und der Bürgermeister gefangen genommen – alles unter wildem Kriegsgeschrei.

Der 32 m hohe klotzige **Amtsturm** ist ein Rest der einstigen Burg, in der die Havelberger Bischöfe zwischen 1271 und 1548 residierten. Weiter nördlich ragt der mächtige, mit barocker Haube und zwei offenen Laternen behütete Turm der **Marienkirche** (13. Jh., im 15. Jh. erweitert) auf. Glanzstück unter viel Beachtlichem im Inneren der Backsteinhalle ist der zweiteilige spätgotische *Schnitzaltar,* der im unteren Schrein eine Marienkrönung zwischen den Heiligen Anna und Dorothea und auf den Flügeln die zwölf Apostel zeigt, gefertigt hat ihn vermutlich der Lübecker Claus Berg. Eine Madonna mit Kind steht im Zentrum des kleineren oberen Altars.

Höhendominanten der kreisförmigen Stadtanlage sind ferner am Markt das neogotische **Rathaus** (1905) mit Staffelgiebel, Turm und einbezogener mittelalterlicher Gerichtslaube sowie der Turm der **Heiliggeistkapelle** im Norden (heutiges Aussehen von 1730). Nahe der Kapelle steht das blendengeschmückte **Gröpertor**, ein Teil der Stadtbefestigung, von der drei Wehrtürme, rund 40 Wiekhäuser und vor allem die **Stadtmauer** erhalten sind. 2500 m lang, durchgehend rund 6 m hoch und vor einigen Jahren mit 10 000 Ziegeln und 37 000 Biberschwänzen restauriert, umgürtet sie noch heute fast vollständig die Wittstocker Altstadt mit ihren verwinkelten kopfsteingepflasterten Gassen und den vielen schmucken Fachwerkhäusern, die die Historie des Ortes erlebbar machen. Man hat die sympathische Stadt schon ›märkisches Rothenburg‹ genannt.

Ausflug

Das ehem. Zisterzienserinnenkloster **Heiligengrabe** (7 km westlich), seit der Reformation evangelisches Damenstift, gehört zu den besterhaltenen Klosteranlagen Norddeutschlands. Es wurde an der Stelle eines Hostienwunders im Jahr 1287 gegründet und war ein bedeutender Wallfahrtsort. In der lang gestreckten, nüchternen *Klosterkirche* ist auf sechs Tafelbildern von 1532 in relativ naiver Malerei die Gründungsgeschichte abgebildet. Herzstück der Anlage ist die 1512 geweihte, über einem Vorgängerbau des 13. Jh. errichtete *Heiliggrabkapelle,* die außen prächtig gegliederte Stufengiebel und innen ein schönes Sterngewölbe schmücken. Die Ausmalung befasst sich wiederum mit der Klostergeschichte und stammt von 1904. Die benachbarten *Stiftsdamenhäuser* (18. Jh.) in Fachwerkbauweise geben dem Ensemble eine ganz eigene, stimmungsvolle Kulisse. Zu den kulturellen Highlights der Region gehören von Mai–Aug. die *Konzerte* in der Klosterkirche (Programm: Tel. 03 39 62/5 03 81, Klosterführungen: Tel. 5 02 15, Fax 5 03 52).

Praktische Hinweise

Tel.-Vorwahl Wittstock/Dosse: 0 33 94

Information: Fremdenverkehrsbüro, Markt 1, Tel. 43 34 42, Fax 44 89 96, Internet: www.wittstock.de

Hotel

* **Deutsches Haus**, Markt/Ecke Kirchgasse 1–3, Tel. 44 43 63, Fax 44 43 65. Kleines, angenehmes Hotel in zentraler Lage.

14 Neuruppin

Geburtsstadt Schinkels, Fontanes und der berühmten Bilderbogen.

Neuruppin liegt in wunderschöner, leicht hügeliger Landschaft am lang gestreckten *Ruppiner See* und ist deshalb ein beliebtes Ausflugsziel. Mit ihrer schachbrettartigen Anlage, der einheitlichen Bebauung und den breiten Straßen und Plätzen ist die Stadt darüber hinaus ein sehenswertes und zu Recht geschütztes Bauensemble. Durch Eingemeindung von 13 Dörfern wurde Neuruppin mit 330 km² zur flächenmäßig fünftgrößten Stadt Deutschlands.

Geschichte Neuruppin erhielt 1256 Stadtrecht und wurde 1688 Garnisonsstadt (was sie bis zum Abzug der russischen Armee 1993/94 auch blieb). 1732–36 kommandierte Kronprinz Friedrich von Preußen das Neuruppiner Regiment. Nach verheerendem Brand 1787, dem bis auf die Klosterkirche am See fast alle Bauten zum Opfer fielen, erfolgte bis 1806 der Wiederaufbau nach Plänen von Bernhard Matthias Brasch. Er schuf das noch heute bewunderte frühklassizistische Stadtjuwel. Weithin bekannt wurde Neuruppin im 19. Jh. durch die Neuruppiner Bilderbogen und als Geburtsort *Karl Friedrich Schinkels* (1781–1841) und *Theodor Fontanes* (1819–1898).

Besichtigung Den berühmten Söhnen hat die Stadt natürlich **Denkmäler** gesetzt, geschaffen vom Bildhauer Max Wiese: für **Schinkel** ❶, den Schöpfer ausgereifter klassizistischer Baukunst in Preußen, ein Standbild (1883) auf dem Kirchplatz, während **Fontane** ❷ (1907) lebensgroß am südlichen Ende der Karl-Marx-Straße sitzt und sinnend, Feder und Notizblock in Händen, in die Ferne blickt. Beider Andenken pflegt selbstverständlich auch das **Heimatmuseum** ❸ (August-Bebel-Str. 14/15, Di – Fr 10 – 17, Sa, So 10 – 16 Uhr).

Wen das Thema Bilderbogen interessiert, der sollte die **Bilderbogenpassage** ❹ zwischen August-Bebel-, Wichmann- und Karl-Marx-Straße besuchen. Zentrum der Anlage mit Läden und Cafés ist das fünfgeschossige Gebäude der früheren *Kühnschen Druckerei*, in der die berühmten kolorierten Bilderbogen entstanden. Ins dritte Stockwerk zog die **Bilderbogengalerie**, wo man nach Herzenslust Einblick in die einst so beliebte bunte Pfenniglektüre nehmen kann (August-Bebel-Str., Di – Fr 13 – 17, Sa, So 11 – 17 Uhr).

Die Hauptschlagader Neuruppins ist die **Karl-Marx-Straße** ❺, die sich zu drei Plätzen öffnet. Typisierte zweigeschossige Bürgerhäuser, deren Fassaden mit Pilastern, Reliefmedaillons und Büsten geschmückt sind, säumen den weiten

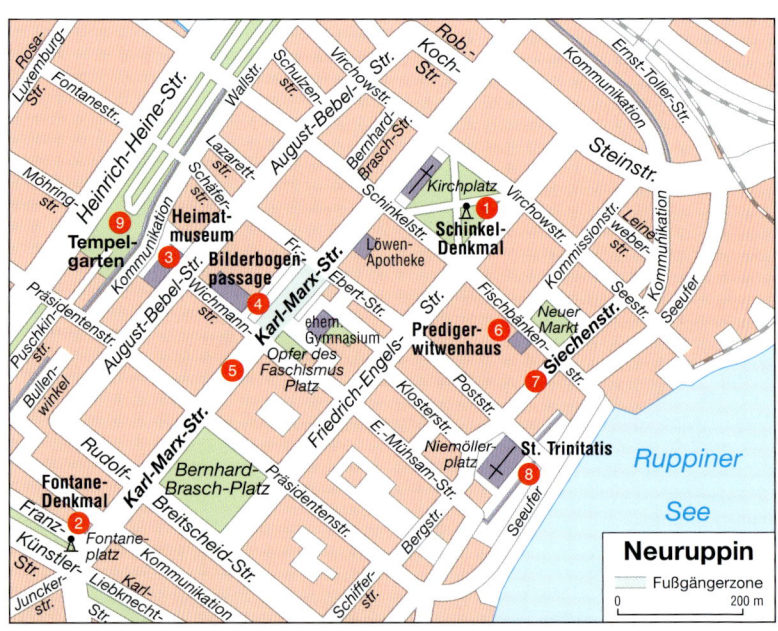

Annäherung via Ruppiner See – Neuruppins Trinitatiskirche grüßt Ausflügler

Bernhard-Brasch-Platz im Süden – sie geben ein authentisches Bild der einheitlichen klassizistischen Bebauung. Den mittleren Platz nimmt das schlossähnliche ehem. *Wilhelm-Gymnasium* ein, das auch Fontane besuchte. 1790 von Brasch erbaut, trägt es das Motto des damaligen Stadtneubaus: ›Den Bürgern der Zukunft‹. In der ersten Etage der nahen *Löwen-Apotheke* (Haus-Nr. 84) kam am 30. Dezember 1819 Theodor Fontane zur Welt. Der Vater, ein Apotheker, hatte kurz zuvor das Haus erworben. Interessant ist die Stadtkirche *St. Marien* auf dem dritten, nordöstlichen Platz, sie wurde 1801–04 nach Plänen des Brasch-Nachfolgers Philipp Bernhard Berson erbaut. Es handelt sich dabei um einen sog. Quersaal, ein Kirchentyp, der vor allem unter dem Soldatenkönig Friedrich Wilhelm I. beliebt war. Kanzelaltar samt Orgel sind dabei in der Mitte der Langseite platziert, gegenüber befindet sich die Ratsloge. Das nicht mehr kirchlich genutzte Gotteshaus dient seit der Sanierung als Kultur- und Kongresszentrum.

Vorbei am Schinkel-Denkmal geht es nun ostwärts Richtung Ruppiner See. Im **Predigerwitwenhaus** ❻ (Fischbänkenstr. 8) verbrachte Karl Friedrich Schinkel mit seiner Mutter die Jahre 1787–94 nach dem Tod des Vaters, der Pfarrer in St. Marien war. Nach aufwendiger Restaurierung logiert hier die Internatio-

Bronze für Theodor Fontane – der berühmte Neuruppiner Romancier prägte das heutige Brandenburg-Bild

nale Schinkel-Gesellschaft, eine ständige Ausstellung über den Baumeister ist angeschlossen. Ums Eck liegt die **Siechenstraße** **7** – schmal und krumm mit alten Bauten, dem ehem. Siechenhospital mit spätgotischer Kapelle *St. Lazarus* und dem *Uphus*, dem ältesten Fachwerkhaus

Neuruppiner Bilderbogen in Neuruppin – die große Welt kostete im 19. Jh. nur ein paar Pfennige

Viel Bild, wenig Text

Mit ›Neu Ruppin, zu haben bei Gustav Kühn‹ waren die **Neuruppiner Bilderbogen** *überschrieben und so traten sie ihre Reise in die Welt an. Etwa 100 Mio. Stück mit 22 000 verschiedenen Motiven wurden von* **1810 bis 1937** *gedruckt – im Format 35 x 45 cm und zunächst auf einer Handpresse sowie handkoloriert. »Lange bevor die erste ›Illustrierte Zeitung‹ in die Welt ging, illustrierte der Kühnsche Bilderbogen die Tagesgeschichte, und was die Hauptsache war, diese Illustration hinkte nicht langsam nach, sondern folgte den Ereignissen auf dem Fuße«, schrieb Theodor Fontane. Die Bilderbogen Gustav Kühns (1794–1868) zeigten* **Ereignisse des Weltgeschehens** *– Historisches, Aktuelles, Unterhaltendes und Erbauliches, auch Erotisches, Sagen- und Märchenhaftes – sie gelten deshalb als* **Vorläufer der Illustrierten**. *Das Interesse an den Bilderbogen schwand mit dem Aufkommen von Radio und Film. In Neuruppin werden fast 12 000 dieser Bilderbogen aufbewahrt.*

der Stadt: diese Straße blieb vom Feuer des Stadtbrands verschont.

So auch die Kirche **St. Trinitatis** **8** des 1246 gegründeten Dominikanerordens, ein dreischiffiger, kreuzrippengewölbter Hallenbau aus Backstein mit lang gestrecktem Chor, den Karl Friedrich Schinkel 1836–41 erneuerte. Das charakteristische Turmpaar kam erst 1907 hinzu. Beachtenswert sind innen das gotische *Altarrelief* mit Szenen der Christus- und Mariengeschichte und die *Sandsteinfigur* eines Mönchs (um 1370), wahrscheinlich des ersten Dominikanerabtes Wichmann von Arnstein, der in Bruder Gebhards, des Begründers der Grafschaft Ruppin, war. Schöne Ausblicke auf Stadt, See und Ruppiner Land ermöglicht eine Turmbesteigung.

Unten am Seeufer kann man per Dampfer einen Ausflug in die Ruppiner Schweiz unternehmen oder am Bollwerk Deutschlands größte multifunktionale **Wasserplastik** ›Parzival‹ des Bildhauers Matthias Zágon Hohl-Stein bewundern.

Ein orientalisches Paradies

Den lauschigen **Tempelgarten** **9** am nordwestlichen Stadtwall ließ Georg Wenzeslaus von Knobelsdorff 1732–36 im Auftrag des Kronprinzen Friedrich anlegen. Namen gebend war der sechssäulige *Rundtempel* unter flachem Kuppeldach. 1853 erwarb die Kaufmannsfamilie Gentz den Garten, orientalisierte ihn und ließ die türkisch wirkende *Villa* samt Mauer in maurischem Stil errichten sowie *Sandsteinfiguren* des 18. Jh. aufstellen.

Ausflug

In **Wustrau** an der Südspitze des Ruppiner Sees (15 km von Neuruppin) wohnte zu Zeiten von Friedrich II. der Husarengeneral Hans von Zieten, der durch Mut und Witz zur Legende wurde – wohl auch durch das Zutun von Theodor Fontane, der dem Dorf und dem General im 1. Band seiner ›Wanderungen‹ ein Kapitel widmete. Hans von Zieten ließ sich das stattliche um das Jahr 1890 erweiterte *Barockschloss* errichten, das nur von außen besichtigt werden kann. Die zietenschen Gräber befinden sich neben der *Dorfkirche* (1781). Eine im Garten stehende Statue des Reitergenerals weist auf das 2000 eröffnete Brandenburg-Preußen-Museum, das ein Privatbankier in einer neuen Villa einrichtete (Di–So 10–18, Nov–März 10–16 Uhr).

Tel.-Vorwahl Neuruppin: 0 33 91

Information: BürgerBahnhof, Karl-Marx-Str. 1, Tel. 4 54 60, Fax 45 46 66

Hotels

*** **Hotel am See Altes Kasino**, Seeufer 11/12, Tel. 30 59, Fax 35 86 84. Wenige Meter von der Uferpromenade entfernt. Auf der Restaurantkarte steht neben Wild vor allem Fisch.

** **Hotel Zum alten Siechenhospital**, Siechenstr. 4, Tel.39 88 44, Fax 65 20 50. Uphus – das älteste Gebäude der Stadt – wurde zum Hotel und Restaurant.

 ** **Boltenmühle**, Gühlen-Glienicke, Tel. 03 39 29/7 05 00, Fax 7 01 03. Regionale Köstlichkeiten in einem Gastraum, der vom Binenbach durchflossen wird – spektakulärer Essgenuss.

Wem die Stunde schlägt – die Sanduhr in Lindows Kirche sollte wortverliebte Prediger mäßigen

15 Lindow (Mark)

Viel Wald, drei Seen und eine malerische Klosteranlage.

Lindow entstand im Umfeld eines um 1230 von den Grafen Ruppin gegründeten Zisterzienserinnenklosters. Das Städtchen mit nettem Ortskern am **Gudelack-, Wutz- und Vielitzsee** ist von herrlichen Wäldern umgeben. Gute Badegelegenheiten sind hier selbstverständlich.

Schon von weitem zu sehen ist der stattliche Turm der barocken **Stadtkirche** (1751–55). Es handelt sich dabei wieder um einen *Quersaal* wie in Neuruppin, wo sich Altar und Loge für die Stiftsdamen des Klosters an den Langseiten gegenüberliegen. Ungewöhnlich ist auch die auf der Kanzel stehende *Sanduhr* aus der Erbauungszeit. Sie hat eine Laufzeit von knapp über einer Stunde. Solche Uhren mussten zu Zeiten Friedrichs des Großen aufgestellt werden, der damit die Dauer der Predigten begrenzen wollte.

Malerisch und voller Geheimnisse wirkt das parkumschlossene **Klostergelände**. Hier lebten ab der Reformation Stiftsdamen, die sich vor allem um die Erziehung schwer unter die Haube zu bringender adliger Mädchen kümmerten. Links und rechts des Hauptweges stehen Gebäude, die heute ein evangelisches Altenheim beherbergen. Von der einstigen Klosteranlage um 1300 sind einzig die aus Feldsteinen errichtete *Klosterschule*

erhalten – hier leben nun Pfarrer im Ruhestand mit ihren Familien – sowie die efeuumsponnene Ruine des *Konventsgebäudes*, die sich spitzgiebelig zeigt. Der schmale Weg links neben der Ruine führt zum eingewachsenen *Klosterfriedhof* mit alten, verwitterten Grabsteinen, unter denen Stiftsdamen ruhen. Die Kirche ist nur noch in Umrissen erkennbar.

Tel.-Vorwahl Lindow (Mark): 03 39 33
Information: Tourist-Information, Am Marktplatz 1, Tel. 7 02 97, Fax 7 02 98

Hotel

** **Pension & Restaurant Klosterblick**, Am Wutzsee 53, Tel. 89 00, Fax 8 90 40. Die Zimmer mit italienischen Stilmöbeln, das Wintergarten-Restaurant mit Blick auf den Wutzsee.

16 Rheinsberg

Kronprinz Friedrich verbrachte hier seine schönsten Jahre, Tucholskys literarisches Liebespaar Claire und Wolfgang machten Rheinsberg zum Besuchermagneten.

Fontane weilte zweimal in Rheinsberg. Es gefiel ihm hier so gut, dass er dem Städtchen mehr als 60 Seiten in seinen

›Wanderungen‹ widmete. Doch als eigentlicher Entdecker der Residenz des Kronprinzen Friedrich gilt **Kurt Tucholsky**, der mit seiner Erzählung ›Rheinsberg – Ein Bilderbuch für Verliebte‹ (1912) dem Ort am Grienericksee zu Ruhm verhalf.

Im umgebauten Schloss schuf sich der Kronprinz einen **Musenhof**, eine bewusste Gegenwelt zum Berliner Hof seines Vaters, des Soldatenkönigs. Er philosophierte und musizierte im Kreise von Gelehrten, Künstlern und Musikern, nahm in Rheinsberg den Briefwechsel mit Voltaire auf und verfasste hier seinen ›Antimachiavell‹, mit dem er sich gegen die Grundsätze Machiavellis wendet und vom Herrscher moralisches Handeln verlangt. In Rheinsberg manifestierte sich auch erstmals das **Friderizianische Rokoko**, ein Baustil, der im Schloss Charlottenburg in Berlin und im Potsdamer Schloss Sanssouci seine Vollendung fand.

Eine neue Attraktion soll das im Lauf des Jahres 2003 öffnende Thermalbad werden.

Geschichte Bei einer 1291 erstmals genannten Burg entstand eine Siedlung, die 1524 zum Kurfürstentum Brandenburg gelangte. Im 16. Jh. wurde die Wasserburg zu einem **Renaissanceschloss** um-

gebaut, das 1734 Friedrich Wilhelm I. erwarb. Er ließ es zunächst durch Johann Gottfried Kemmeter und 1737–40 von Georg Wenzeslaus von Knobelsdorff für den Kronprinzen Friedrich zum dreiflügeligen **Barockschloss** mit den charakteristischen Rundtürmen vor den Seitenflügeln umbauen. Der Kronprinz residierte hier bis zu seiner Thronbesteigung 1740. Friedrichs jüngerer Bruder Heinrich lebte 1744–1802 im Schloss, das ab 1769 Treppenhaus, Muschelsaal und Bibliothek nach Entwürfen von Carl Gotthard Langhans erhielt. Knobelsdorff und Johann Samuel Sello schufen den mit Kunstwerken gespickten **Lustgarten** jenseits des Sees. Im 20. Jh. hatte das Schloss u. a. rund 40 Jahre als Diabetiker-Sanatorium gedient, bis es 1991 zum **Museum** wurde.

Besichtigung Hauptanziehungspunkt ist das **Schloss Rheinsberg** (April–Okt. Di–So 9.30–17, Nov.–März 10–16 Uhr). Ein figurenbekrönter Mittelrisalit schmückt die Stadtseite, während die Wasserseite ihren Reiz durch die Kolonnade bezieht, die die beiden Rundtürme miteinander verbindet. Marmor, Stuck, Damast, vergoldete Türreliefs und Gemälde in Fülle im Inneren der Fest- und Wohnräume! Glanzpunkte

Kunstgenuss in Rheinsberg – den sommerlichen Freilichtopern dient das Schloss als Kulisse

Figuren über Figur – Kronprinz-Friedrich-Denkmal vor dem stadtseitigen Schlossportal

sind der **Spiegelsaal** mit vergoldeten, die Metamorphosen des Ovid thematisierenden Türrliefs und dem Deckenbild ›Apoll vertreibt die Finsternis‹ von Antoine Pesne, der auch im **Rittersaal** und im **Turmkabinett** – der kreisrunden Studierstube Friedrichs – malte. Zu Zeiten Heinrichs erhielten der üppig stuckgezierte **Muschelsaal** (1762) und das zur Raumflucht der Amalienzimmer gehörige chinesische **Lackkabinett** ihre famose Ausstattung. Briefe, Manuskripte und Zeitgenössisches zeigt die im Nordflügel eingerichtete **Kurt-Tucholsky-Gedenkstätte** (Öffnungszeiten wie Schlossmuseum). Das zerstörte *Schlosstheater* von 1774 wurde wieder aufgebaut. Seitdem bereichert es das ohnehin schon umfangreiche **Kulturangebot**, zu dem Serenaden, Flöten- und Chorkonzerte der *Musikakademie Rheinsberg* sowie sommerliche Kammeroper-Aufführungen vor beeindruckender Schloss- und Seekulisse gehören.

Grotten, Statuen, Tempel und Scheinruinen sind beim Spaziergang durch den **Schlosspark** zu entdecken, der unter dem Kronprinzen angelegt und durch Prinz Heinrich erheblich ausgebaut wurde. *Gartenparterre*, *Freitreppe* mit Sphingen und säulenumstandenes *Portal* bilden die Stationen; besonders beachtenswert sind dabei das *Grabmal Heinrichs*, eine stumpfe Pyramide, und die im Stil einer Einsiedelei gestaltete *Felsstein-* oder *Egeriagrotte*. Am anderen Ufer des Grienericksees bietet der Hügel mit dem *Obelisken*, zur Erinnerung an die Gefallenen des Siebenjährigen Krieges errichtet, einen schönen Blick.

Malerisches Städtchen

Nicht nur das Schloss, auch die wald- und seenreiche Umgebung lockt viele Besucher in die kleine Landstadt. Viel hat sich hier von dem **barocken Stadtbild** mit dem regelmäßigen Straßennetz erhalten, das Georg Wenzeslaus von Knobelsdorff nach dem großem Stadtbrand im Jahr 1740 geschaffen hatte. Auf dem Triangelplatz vor dem stadtseitigen Schlossportal steht wieder die überlebensgroße **Statue Friedrichs II.**, die die DDR-Granden entfernt hatten. Die ursprünglich frühgotische, im 16. Jh. umgebaute Kirche **St. Laurentius** besitzt eine interessante Renaissanceausstattung, darunter auch das prunkvolle Epitaph der Familie Bredow, der einstigen Schlossherren und Initiatoren des Kirchenumbaus. In der Seestra-

Töpfermarkt in Rheinsberg – wer nicht kauft, schaut einfach beim Töpfern zu

ße 15 zeigt das **Zinnfigurenmuseum** 200 Dioramen; hier kann man auch das Leben am Hofe des Kronprinzen Friedrich nachvollziehen (Di–So 12–17 Uhr).

Praktische Hinweise

Tel.-Vorwahl Rheinsberg : 03 39 31

Information: Tourist-Information, Kavalierhaus/Markt, Tel. 20 59, Fax 3 47 04

Hotels
***Seehof**, Seestr. 18, Tel. 40 30, Fax 4 03 99, Internet: www.seehof-rheinsberg.com. Modernster Komfort in historischem Ambiente. Im Restaurant Fisch vom Fischer nebenan und Fleisch von einer nahe gelegenen Biofarm.

*** **Steigenberger Marina Wolfsbruch**, 16831 Kleinzerlang, Tel. 03 39 21/87, Fax 8 88 45. Feriendorf am Wasserstraßenkreuz zwischen Kleinem Pälitz- und Großem Prebelowsee.

Restaurants
Ratskeller, Markt 1, Tel. 22 64. Hier gibt es Fontanes Leibgericht: ›Alt-Brandenburger Schmorbraten in Ingwersoße mit Apfelrotkohl und Kartoffelklößen‹.

Gasthaus-Brauerei Zum Alten Brauhaus, Rhinhöher Weg 1, Tel. 7 20 88. In den beiden urig eingerichteten Gaststuben schmeckt das herbwürzige, am Ort gebraute Bier.

17 Gransee

Ein historisches Ortsbild und eine Erinnerung an Königin Luise.

Weitgehend erhalten blieb das mittelalterliche Stadtbild Gransees, das noch immer von dem fast vollständigen und mit einigen Wiekhäusern bestückten **Befestigungsring** aus dem 14./15. Jh. umgeben ist. Ihn säumen heute beschauliche **Wallgärten**, die zum Spaziergang laden. Auf einer Tour entlang der Feldsteinmauer trifft man auf den runden zinnengekrönten **Pulverturm**, der bestiegen werden darf und Überblick über Stadt und Land schafft. Vom einst direkt an die Mauer angebauten **Franziskanerkloster** blieben nur der Ostflügel der Klausur und die nördliche Chorwand bestehen. Zugang zur Stadt gewährt das **Ruppiner Tor** mit seiner prächtigen Giebelarchitektur. Besonders dekorativ sind stadtseitig der Sechspassfries am Obergeschoss und die Spitzbogenblenden des Giebels. An den quadratischen Torturm des 15. Jh. schließt das ältere sog. **Waldemartor** an. Das **Heimatmuseum** schräg gegenüber fand sein Domizil im ehem. Heilig-Geist-Hospital, es zeigt Mobiliar und eine Sammlung zur Früh- und Heimatgeschichte (Rudolf-Breitscheid-Str. 44, Mai–Sept. Di–Fr 10–17, Sa, So bis 16 Uhr, Okt.–April Di–Fr 10–16, Sa, So 12–16 Uhr).

Gransee ist eine planmäßige Gründung, die zwischen 1230 und 1250 durch die Markgrafen Johann I. und Otto III. erfolgte. Die **rechtwinklige Straßenführung** geht auf den Wiederaufbau nach dem Stadtbrand des Jahres 1711 zurück. Imposant wirkt auf dem Kirchplatz die dreischiffige Backsteinhalle der **Marienkirche** (13.–16. Jh.) mit zwei ungleichen Türmen auf der Westseite und reich gegliedertem Giebel im Osten. Beachtenswert sind innen die überlebensgroße *Triumphkreuzgruppe* (um 1500), ein gemalter *Flügelaltar* mit Szenen aus dem Leben der hl. Anna und anderer Heiliger, ein figurenreicher *Schnitzaltar* (beide Anfang 16. Jh.) sowie die *Orgel* (1744) des Silbermann-Schülers Joachim Wagner mit 2044 Pfeifen und 28 Registern.

Durch die Baustraße und vorbei am schlichten **Rathaus** (18. Jh.) erreicht man schließlich den Schinkelplatz mit dem **Luisendenkmal**. Es erinnert an die Überführung der 1810 verstorbenen beliebten Königin vom mecklenburgischen

Gransee – beim Blick vom Pulverturm zeichnet sich der Stadtbefestigungsring deutlich ab

Hohenzieritz nach Berlin. Ihr Sarg stand in der Nacht vom 25. zum 26. Juli an eben jener Stelle, wo sich heute das von Karl Friedrich Schinkel entworfene gusseiserne Kenotaph mit Baldachin befindet.

Filigran behütet – Luisendenkmal in Gransee mit Inschrift ›O Jammer, sie ist hin‹

Praktische Hinweise

Tel.-Vorwahl Gransee: 0 33 06

Information: Tourist-Information, Rudolf-Breitscheid-Str. 44 (im Museum), Tel. 2 16 06, Fax 2 16 12

Hotel

* **Lindenhof**, Templiner Str. 29, Tel. 25 24, Fax 2 15 37. Kleines preiswertes Stadthotel mit Restaurant.

18 Zehdenick

Kleinstädtisches Ambiente, von intakter Natur umgeben.

Zehdenick, 1216 erstmals genannt, ist ein alter Industrieort, den zunächst ein Werk mit wasserbetriebenem Eisenhammer (15. Jh.), dann Bier- und schließlich Ziegelproduktion blühen ließen.

Im Südosten der Stadt an der Havel verstecken sich die eindrucksvollen Reste des **Nonnenklosters**, das die brandenburgischen Markgrafen um 1250 gegründet hatten und aus dem nach der Reformation ein Stift für unverheiratete adlige Damen geworden war. 1801 brannte die Anlage mit Ausnahme des *Kreuzgangs* im Nordflügel (14./15. Jh.) ab. Heute bildet der Klosterhof im Som-

Macht hoch das Tor – Zugbrücke über die Havel im Stadtzentrum von Zehdenick

mer eine geeignete Kulisse für *Konzerte* und *Theateraufführungen*. In Klosternähe befindet sich das 1746 erbaute **Amtsgebäude**, auch Domäne genannt, in dem der königliche Amtshauptmann seinen Sitz hatte.

Als Wahrzeichen Zehdenicks gilt mittlerweile die neue **Zugbrücke** über die Havel; das Schleusen ist hier für Gäste wie Wassertouristen gleichermaßen beeindruckend. Über den Treidelweg sind die gebuckelten **Kamelbrücken** zu erreichen, die schöne Blicke auf die Havel, das nahe *Naturschutzgebiet Klienitz* so-

wie die *Marina Zehdenick* bieten. Die Marktstraße führt zum Marktplatz mit dem schlichten klassizistischen **Rathaus**, das 1801 gebaut wurde.

Ausflug

Die Region um Zehdenick war im 19. Jh. Europas größter Ziegelhersteller. 1991 schloss die letzte Ziegelei ihre Tore. Über dieses Thema gibt es im 5 km nahen **Mildenberg** Näheres zu erfahren, wo Technikfreaks und ebenso Naturfreunde im *Ziegeleipark* auf ihre Kosten kommen. Mit der Ziegelei- und der Tonlorenbahn

Platt wie eine Flunder – Ziegel-Ringofen im Technikmuseum Mildenberg

›Perle der Uckermark‹ – Templin wurde nach dem Stadtbrand von 1735 in einheitlichem Fachwerkstil aufgebaut, im Bild die Berliner Straße

können Besucher in dem 42 ha großen Gelände auf Entdeckungstour durch die Ziegeleigeschichte oder durch die Tonstichlandschaft bis nach Burgwall zum Tontagebau fahren. Durch das Ziegeleimuseum, die historischen Werkstätten, zur Dampfmaschine von 1921 wird fachkundig geführt (Mai–Sept. Mo–Fr 10–18, Sa, So, Fei 10–19 Uhr, April/Okt. Sa, So, Fei 10–18 Uhr, Mo–Fr nach Vereinb.).

Praktische Hinweise

Tel.-Vorwahl Zehdenick: 0 33 07

Information: Fremdenverkehrsbüro, Schleusenstr. 22, Tel. 28 77, Fax 46 93 36

Hotel

*** **Preußischer Hof**, Bischofswerder Weg 12, Liebenwalde, Tel. 03 30 54/8 70, Fax 8 71 87. Hotel mit einem großen, offenen Innenhof, um den sich die einzelnen Hotelgebäude und das Restaurant Charlotte gruppieren.

19 Templin

Stadtmauer und Seen umgürten die ›Perle der Uckermark‹.

Hügelketten, Wälder, Wiesen und sechs Seen umschließen Templin. Kein Wunder, dass die Stadt bereits zu Beginn des 20. Jh. als Erholungsort entdeckt wurde. Der liebenswerte Charme dieser Kleinstadt nimmt den Besucher auch heute noch rasch gefangen. Ihre Zierde ist die fast vollständig erhaltene **Stadtmauer** mit vielen Türmen, halbrunden Kampfhäusern und prachtvollen Stadttoren. Die im späten 13. Jh. errichtete, bis zu 8 m hohe Wehranlage aus Feldsteinen misst 1735 m und kann umwandert werden. Regelrechte Schmuck- und zugleich

Immer geradeaus – unterwegs mit der Fahr-rad-Draisine von Templin nach Fürstenberg

Lehrstücke sind die drei gotischen **Back-steintore**: Im Süden das blendengeglie-derte *Berliner Tor*, im Nordwesten das palmettenfriesverzierte *Mühlentor* und schließlich das *Prenzlauer Tor*, das älte-ste und höchste aller Tore, das ein Vortor aus dem 15. Jh. besitzt und das **Volks-kundemuseum** mit Wissenswertem über uckermärkische Handwerker, Bauern und Fischer beherbergt (Di–Fr 9–12, 13–17, Sa, So nur 13–17, im Winterhalb-jahr bis 16 Uhr). Das putzige **Torschrei-berhaus** beim Eulenturm, auf Befehl Kö-nig Friedrichs II. zum Eintreiben der Ak-

Wider das Vergessen – Will Lammerts ›Klagende‹ vor der Lagermauer des ehem. Frauen-KZ in Ravensbrück

zise (Zoll) erbaut, wurde 1993 wieder schmuck hergerichtet und nahm den Fremdenverkehrsverein auf.

Die Stadt wurde um 1230 von den As-kaniern gegründet und gehört seit 1480 zu Brandenburg. Jeweils verheerende Brände der Jahre 1492, 1530, 1698 und zuletzt 1735 haben Templin schwer heimgesucht. Danach wurde die Stadt im **Fachwerkstil** neu angelegt. Aus dem 18. Jh. stammt auch das rechtwinklige Straßenraster des historischen Stadtkerns mit dem quadratischen Marktplatz, den das barocke **Rathaus** (1738–50) be-herrscht. Bekrönt wird der Bau von ei-nem Dachtürmchen mit einem Adler – dem märkischen Wappentier – obenauf. Ältestes Gebäude der Stadt ist neben dem Berliner Tor die kreuzrippengewölbte **Georgenkapelle** (14. Jh.) mit einem 500 Jahre alten *Schnitzaltar*. Die Stadtkirche **St. Maria Magdalena**, ein dreischiffiger barocker Hallenbau, besitzt einen Turm mit stattlichem mehrgeschossigem Auf-bau und einer kupferbeschlagenen Haube als Abschluss.

Die neue **Natur-Therme** gehört zu den schönsten in Deutschland. In dem mit sechsprozentiger Sole gefüllten Becken dienen Wärme, Licht und Musik der Entspannung von Körper und Seele.

Eine ungewöhnliche Fahrt

TOP TIPP Von Templin aus kann man mit einer **Fahrrad-Draisine** ins schö-ne Lychen und nach Fürstenberg fahren. Seit 1996 rollen 20 Draisinen auf der 30 km langen, stillgelegten Bahnlinie durch Wald- und Seenlandschaft. Sie werden per Beinkraft über Pedale an-getrieben, der Lenker dient als Stütze für die Hände und als Anhängemöglich-keit für Rucksäcke und Taschen. An ge-raden Tagen wird von Templin über Ly-chen nach Fürstenberg und an ungeraden Tagen in umgekehrter Richtung gefah-ren, die Rückreise kann jeweils mit dem Bus erfolgen (Anmeldung bei der Temp-lin-Information oder Touristica Berlin, Tel. 0 30/8 73 02 21, Fax 8 61 61 32).

Ausflüge

Wasser spielte in der Stadt **Lychen** (19 km nordwestlich) schon immer eine Rolle, wird sie doch von Seen fast voll-ständig umarmt und daher seit der vori-gen Jahrhundertwende auch gern als Ur-laubsziel gewählt. Eine Mordsgaudi be-reiten im Sommer Fahrten mit dem 30 Personen fassenden *Touristenfloß* über den Oberpfuhlsee. Wer mehr Informationen über die hier traditionelle Flößerei haben möchte, der gehe ins *Flößermuseum* im Stargarder Tor (Mai, Juni, Sept. Mi, Fr–So 13–16, Juli, Aug. Di–So 10.30–12, 13–16 Uhr). In der Altstadt sind außerdem das barocke *Rathaus* und die frühgotische *Johanniskirche* beachtenswert, letztere mit kirchenschiffbreitem Westturm und einer Ausstattung des späten 17. Jh.

Das **Frauen-KZ Ravensbrück** im nördlichen Ortsteil von Fürstenberg/Havel (12 km westlich von Lychen) war das größte in Deutschland – mehr als 132 000 Frauen und Kinder haben die Nazis hierher deportiert, über 90 000 kamen um. Ihnen ist die 1959 eröffnete *Mahn- und Gedenkstätte* (Di–So 9–17 Uhr) gewidmet. Die Räume im ehem. Zellenbau gestalteten alle Nationen, die an diesem grauenvollen Ort Opfer zu beklagen hatten. Eindrucksvoll versinnbildlicht Will Lammerts in den Schwedtsee ragende Bronzeskulptur ›Tragende‹ das Leiden und die Solidarität der Menschen.

Torturm mit Bauchbinde – das Mitteltor ist Prenzlaus originellster Wehrbau

Tel.-Vorwahl Templin: 0 39 87

Information: Templin-Information, Obere Mühlenstr. 11, Tel. 26 31, Fax 5 38 33

Hotels

** **Hotel und Restaurant Fährkrug**, Fährkrug 1, Tel. 4 80, Fax 4 81 11. Gemütliches und familienfreundliches Haus am Fährsee.

** **Hotelpension Mühlenseeperle**, Am Mühlentor 2, Tel. 5 09 50, Fax 5 09 60. Neu eröffnetes Haus direkt an der historischen Stadtmauer.

20 Prenzlau

Bedeutende Backsteingotik in der alten Hauptstadt der Uckermark.

Narben der schweren Kriegszerstörungen sind in der Stadt am Unteruckersee noch vielfach zu sehen, doch der interessierte Besucher wird in Prenzlau auch beeindruckende Denkmäler entdecken. Vom Marktplatz führt der mit einem Dreieck markierte und 3,5 km lange **Historische Stadtrundgang** zu den Sehenswürdigkeiten, die den einstigen Reichtum der ehem. Hansestadt erahnen lassen.

Episoden der Stadtgeschichte erzählt die hohe **Kalksteinsäule** (1993) des Bildhauers Jannelius Tembridis auf dem Marktplatz vis-à-vis der **Marienkirche**. Es ist vor allem der mit außerordentlich reichem filigranem Stab- und Maßwerk überaus kunstvoll gestaltete *Ostgiebel*, der diesen mächtigen Kirchenbau mit der hohen frühgotischen *Doppelturmfront* zu einer Perle norddeutscher Backsteingotik macht. Bis die im Zweiten Weltkrieg ausgebrannte dreischiffige Hallenkirche (um 1340) auch im Inneren wieder hergestellt sein wird, dürften noch Jahre vergehen.

In der nordwärts führenden Klosterstraße passiert man die lang gestreckte, harmonisch proportionierte **Dreifaltigkeitskirche** (13. Jh.) des ehem. Franziskanerklosters und trifft in der Mauerstraße auf Reste der **Stadtmauer** mit den hier typischen **Wiekhäusern** (kleine Kampfhäuser, die in Bogenschussweite in die Stadtmauer eingefügt waren). 66 dieser Bauten sind für Prenzlau nachweisbar. Als sie nach dem Dreißigjährigen Krieg ihren Verteidigungswert verloren hatten, wurden sie nach und nach abgetragen. Den Abschluss der Mauer bildet der **Blindower Torturm**, der mit weiteren fünf Türmen als Teil der Wehranlage

Maßwerkgitter in Vollendung – die filigrane Ostwand der Marienkirche in Prenzlau ist ein bedeutendes Werk norddeutscher Backsteingotik

erhalten blieb. Am häufigsten fotografiert wird das originell gestaltete **Mitteltor** (nahe der Marienkirche), das auf halber Höhe, gleichsam als Bauchbinde, einen gedeckten Wehrgang und über der zinnenbekrönten Spitze ein Kegeldach trägt.

Der Weg führt nun südwärts zum **Steintorturm** und von dort zum 1275 gegründeten ehem. Dominikanerkloster, dessen frühgotische Gebäude vom **Kulturhistorischen Museum** bezogen wurden (tgl. 10–17 Uhr). *Kreuzgang* und *Klausur* mit Kreuzrippengewölben, Stützpfeilern und Maßwerk geben der umfangreichen Sammlung einen wunderbaren Rahmen. Ein Museumsbesuch empfiehlt sich daher allein schon wegen der Architektur. Ins Dominikanerkloster zog auch die **Kulturarche**, die Kabarett, Theater und Lesungen bietet. Die benachbarte **Nikolaikirche** (14. Jh.) bewahrt u. a. die geretteten Figuren aus dem 1512 in Lübeck gefertigten Hauptaltar der Marienkirche und einen *Renaissancealtar* von 1609. Das Stadtbild bereichert seit Sommer 2000 wieder ein Roland. Der ursprüngliche Roland von 1495 war im 18. Jh. zerstört worden. Der neue 4,70 m hohe Roland wurde aus Originalfragmenten vom uckermärkischen Steinbildhauer Toralf Jaeckel nachgebildet und in der Fußgängerzone der Friedrichstraße aufgestellt.

Erholsamen ›Auslauf‹ finden Spaziergänger entweder im östlich gelegenen **Stadtpark** oder auf der **Uckerpromenade**, die im Südwesten an der **Sabinenkirche**, der früheren Kirche des Augustinerinnenklosters (13. Jh.), beginnt. Langstreckenwanderer können den **Unteruckersee** auf einem mit gelben Punkten markierten und 30 km langen Weg umrunden. Wer keine Wanderschuhe bei sich führt, genießt den Blick auf Prenzlau von Bord des Motorschiffs aus, das sommers über das Gewässer tuckert.

Ausflug

Die Klostermühle aus dem Jahr 1627 in **Boitzenburg** (21 km südwestlich), heute ein *Mühlenmuseum*, ist noch voll funktionstüchtig (Di–So 10–17 Uhr). Um das zu beweisen, zieht der Museumsleiter bei Führungen die Müllerkluft an und setzt die alte Technik mit Schrotgang und Walzenstühlen in Bewegung.

Die gemütliche Müllerwohnung erweckt den Eindruck, als sei die Familie nur mal kurz ins Dorf gegangen. Dort steht auch ein vielfach überformtes, geradezu märchenhaft anmutendes *Renaissanceschloss*, das 1528–1945 Stammsitz der Grafen Arnim war und heute als Kinder- und Jugendhotel dient. Frisches Brot und einen Handwerkermarkt gibt es in Boitzenburg am *Mühlentag*, der jährlich am Pfingstmontag stattfindet.

Praktische Hinweise

Tel.-Vorwahl Prenzlau: 0 39 84

Information: Stadtinformation, Uckerwiek 813, Tel. 86 51 40, Fax 86 51 49

Hotel

*** **Parkhotel Prenzlau**, Grabowstr. 14, Tel. 85 40, Fax 85 41 31. Ruhige und zentrale Lage am Stadtpark, schöne Zimmer, Sauna und Whirlpool.

Restaurant

Dom, Friedrichstr. 35, Tel. 20 89. Sympathisches Steakhaus mit Café.

21 Schwedt

Das Eingangstor in den Nationalpark Unteres Odertal.

Dank seiner Lage im Urstromtal der Oder bildet Schwedt, als größte Stadt der Uckermark auch ihr wirtschaftliches und kulturelles Zentrum, das Eingangstor zum Nationalpark Unteres Odertal. Deutsche Siedler hatten den 1265 erstmals genannten Ort an der von Berlin nach Stettin führenden Straße gegründet. 1670 bestimmten dann die Markgrafen Brandenburg-Schwedt die Stadt zu ihrem Sitz (bis 1788), bauten sie zur **barocken Residenz** aus und siedelten aus Frankreich vertriebene Hugenotten an. Die Glaubensflüchtlinge brachten den **Tabakanbau** nach Schwedt und trugen damit zum wirtschaftlichen Aufschwung bei. Ende des Zweiten Weltkriegs wurde die Stadt zerstört, machte aber zu DDR-Zeiten erneut Karriere als bedeutender **Industriestandort** der Petrochemie. Für Zehntausende aus anderen Landesteilen zugezogener Arbeitnehmer entstanden daraufhin zahlreiche **Wohnkomplexe**, von denen einige im innerstädtischen Bereich durchaus beachtenswert sind. Die Einwohnerzahl erhöhte sich von 6000 (1960) auf 52 000 (1989), heute sind es 39 000.

Auf dem Areal des 1945 ausgebrannten und 16 Jahre später abgetragenen Schlosses veranstalten heute die **Ucker-**

Unteruckersee – Prenzlauer kommen gern zu dieser nahe gelegenen Naturbadeanstalt

märkischen **Bühnen** Musikabende, Lesungen, Theater und zeigen Zeitgenössisches, Klassisches, Unterhaltendes. Dahinter erinnern der **Schlosspark** mit Kopien von barocken Steinplastiken aus der Werkstatt Friedrich Christian Glumes sowie die historische Sonnenuhr (1740) noch an die alten Zeiten, vor allem aber der über ovalem Grundriss angelegte, mit Kuppeldach samt Laterne gedeckte **Berlischky-Pavillon** (1777) an der Lindenallee. Heute wird dieser von Wilhelm Berlischky errichtete Zentralbau, der ursprünglich den französischen Einwanderern als Kirche diente, kulturell genutzt. Gegenüber steht der **Ermelerspeicher**, den sich der Berliner Tabakgroßhändler Ermeler im 19. Jh. erbauen ließ. Er erinnert an die wirtschaftlich so florierende Zeit des Tabakanbaus: Um 1800 war die Gegend um Schwedt mit 4000 ha Anbaufläche das größte geschlossene Tabakanbaugebiet Deutschlands, später dann auch Zentrum der Zigarrenfabrikation. Ausführlich informiert darüber das **Stadtmuseum** (Jüdenstraße 12, Di–Fr 9–17, So 14–16 Uhr).

Beachtenswert vor allem wegen ihres massigen, das Stadtbild beherrschenden Turms ist noch die Stadtkirche **St. Katharinen**, die 1945 völlig ausbrannte, aber bereits 1950 in vereinfachter Form wieder hergestellt war. Jüngstes Bauwerk der Stadt ist das neue **Erlebnisbad Aquarium**, das Groß und Klein Badespaß bietet.

Vom **Jüdischen Ritualbad** aus dem 18. Jh. ragt an einem Stadtmauerrest in der Gartenstraße nur die Kuppel mit einem Durchmesser von etwa 4 m aus dem Erdreich. Der **Jüdische Friedhof**, eine unversehrt erhaltene Anlage mit 121 Grabsteinen, liegt im Norden der Stadt bei der Helbigstraße.

Naturschönheiten vor der Tür

Das Untere Odertal, das durch die Grenzziehung nach dem Zweiten Weltkrieg zweigeteilt wurde, zählt zu den letzten natürlichen Flussmündungslandschaften Mitteleuropas. Um diese einzigartige

◁ *Im Schutz des Nationalparks Unteres Odertal bleiben die wertvollen Nasspoldergebiete entlang der Oder, die bei Hochwasser wie hier bei Criewen (**Mitte**) überflutet werden, sich selbst überlassen – in solch paradiesischer Landschaft leben Haubentaucher (**oben rechts**) und Fischadler (**unten**), blüht das breitblättrige Knabenkraut (**oben links**)*

Landschaft nördlich und südlich von Schwedt für die kommenden Generationen zu erhalten, entstand 1995 der **Nationalpark Unteres Odertal**. Von dem 105 km² großen Schutzgebiet auf deutscher Seite (in Polen 60 km²) sind 11 km² als Totalreservat ausgewiesen, in dem die Tier- und Pflanzenwelt sich weitgehend selbst überlassen bleibt. Mehr als *120 Vogelarten* brüten im Nationalpark, darunter Seeadler, Schwarzstorch und die seltenen Seggenrohrsänger. Ein beeindruckendes Naturerlebnis gibt es im Oktober, wenn auf ihrem Durchzug bis zu 13 000 Kraniche zu ihren Schlafplätzen fliegen (Führungen und Informationen durch die Nationalparkverwaltung Unteres Odertal, Bootsweg 1, Schwedt, Tel. 2 54 70 oder 25 47 24, Fax 25 47 33).

Praktische Hinweise

Tel.-Vorwahl Schwedt: 0 33 32

Information: Fremdenverkehrsverein am Unteren Odertal, Lindenallee 36, Tel. 25 59 10, Fax 25 59 59

Hotel

** **Turm-Hotel & Gasthaus Brauerei**, Heinersdorfer Damm 1–11, Tel. 44 30, Fax 44 32 99. Gutes Stadthotel, im Restaurant wird selbst gebrautes Bier ausgeschenkt sowie regionale und internationale Küche serviert.

22 Angermünde

Historisches Flair inmitten dreier Seen.

Allein der reizvolle Altstadtkern rechtfertigt schon einen Besuch von Angermünde. Die uckermärkische Kleinstadt, um 1230 von den Askaniern gegen Pommern gegründet, wurde mit nahezu quadratischem Grundriss am Ufer des Mündesees angelegt und blieb durch die kampflose Übergabe am Ende des Zweiten Weltkriegs unversehrt. Charakteristisch sind heute die zahlreichen barocken **Fachwerkhäuser**, deren Tordurchfahrten und Höfe auf ihre einstigen Bewohner – Fischer und Ackerbürger – hinweisen.

Blickfang am zentralen Markt ist das 1828 in spätbarockem Stil errichtete **Rathaus** mit akzentuiertem Portal und keckem Uhrtürmchen. Nordwärts führt von hier der Hohe Steinweg zum eindrucksvollen Granitquaderbau der **Marienkirche**, die außen ganz und gar von dem mächtigen, breit gelagerten *Turm* dominiert wird – dieser frühgotische, an den Schmalseiten mit Treppengiebeln geschmückte Westriegel gilt als Wahrzeichen von Angermünde. Markantestes Ausstattungsstück neben der von drei Männerfiguren getragenen *Bronzetaufe* (14. Jh.) ist die reich geschnitzte *Barockorgel* (1742–44), die der Silbermann-Schüler Joachim Wagner geschaffen hat. Ihre 2000 Pfeifen und 30 Register ergeben eine überwältigende Klangfülle, die vor allem während der jährlich stattfindenden **Angermünder Sommerkonzerte** viele verzaubert.

Am südlichen Ende der Berliner Straße liegt die gotische **Heilig-Geist-Kapelle** mit feinem Schmuckgiebel, die nach dem Dreißigjährigen Krieg eingewanderte Hugenotten als Gotteshaus zugewiesen bekamen. Die innen sterngewölbte Kapelle wird noch heute von der

französisch-reformierten Gemeinde genutzt. Im Friedenspark nahebei ragen einige rote Backsteinreste der **Stadtmauer** (1292) nebst altehrwürdigem **Pulverturm** mit dunklem Verlies auf. Seit mehr als 100 Jahren brüten auf der Spitze seines achteckigen Helms Storchenpaare.

Die Klosterstraße führt zur ehem. **Franziskanerklosterkirche**. Sie wurde 1250–1300 in drei Bauphasen unter mehrmaligen Planänderungen errichtet, präsentiert sich heute als zweischiffige Backsteinhalle mit breitem Haupt- und schmalem Seitenschiff und soll künftig als Kulturzentrum genutzt werden.

In der Puschkinallee 10, einem Fachwerkhaus, informiert das **Literaturmuseum** über Ehm Welk, dessen Bücher eine Gesamtauflage von rund 4 Mio. haben (Di–Do 9–12, 14–16 Uhr, April–Aug. auch Sa, So 14–17 Uhr). Am bekanntesten sind ›Die Heiden von Kum-

Marienkirche in Angermünde – die prächtige Orgel des Silbermann-Schülers Joachim Wagner zieht Organisten und namhafte Chöre aus nah und fern an

*Historisches Flair – reizende Fachwerkhäuser umstehen die Marienkirche in Angermünde,
deren massiver Westturm Wahrzeichencharakter hat*

merow‹, ›Die Gerechten von Kumme-
row‹ und ›Die Lebensuhr des Gottlieb
Grambauer‹. Der Journalist, Schriftsteller und spätere Ehrenbürger von Angermünde kam 1884 im 15 km entfernten
Biesenbrow zur Welt, sein Geburtshaus
steht unter Denkmalschutz. Vorbild Gottlieb Grambauers war übrigens Welks
Vater, ein Schäfer.

Im nahe gelegenen **Tierpark** leben
frei laufende Hängebauchschweine und
Damwild, Zooschule und Umweltbegeg-
nungsstätte sind der Einrichtung angeschlossen (Puschkinallee 12b, April–
Okt. 7–19, Nov.–März bis 16 Uhr).

Ausflüge

Im erholsamen, von Kranichen, See- und
Fischadlern bevölkerten Naturschutzge-
biet **Blumberger Teiche** (4 km von An-
germünde) entstand das äußerlich einem
Baumstumpf nachempfundene *NABU-
Informationszentrum Blumberger Mühle*
(Mai–Aug. So–Fr 9–18, Sa bis 20,
Sept.–April So–Do 9–16, Fr, Sa bis 17
Uhr). Zu den Attraktionen gehören Bil-
der, die eine Videokamera von einem na-
hen Fischadlerhorst live überträgt.

Bei **Stolpe** (10 km südöstlich) ist der
Rest einer mittelalterlichen Burganlage
zu sehen: ein *gotischer Rundturm*, Grütz-
pott genannt. Mit 18 m Durchmesser und
6 m dicken Mauern gehört er zu den
mächtigsten mittelalterlichen Turmbau-
ten Deutschlands.

Praktische Hinweise

Tel.-Vorwahl Angermünde: 0 33 31

Information: Fremdenverkehrsverein,
Brüderstr. 20, Tel. 29 76 60, Fax 29 76 61

Hotels

** **Flair Hotel Weiss**, Puschkinallee 11,
Tel. 2 18 54, Fax 2 33 66. Familienge-
führtes Haus mit Restaurant, modernes
Ambiente.

** **Hotel-Restaurant Stolper Turm**,
Dorfstr. 40, Stolpe, Tel. 03 33 38/8 63 60,
Fax 3 34. Ruhige Lage, im Restaurant
stehen auch landestypische Speisen auf
der Karte.

* **Hotel am Seetor**, Jägerstr. 25,
Tel. 2 65 60, Fax 25 21 86. In der Altstadt zwischen Marktplatz und Münde-
see; gemütliches Restaurant.

Barnim, Oderbruch, Märkische Schweiz – sanfte Höhen, weite Täler

Barnim wird die waldreiche Grundmoränenplatte östlich der Havel und nördlich der Spree genannt, zu der die **Schorfheide** mit uraltem Eichenbestand gehört. Dieses nun als Biosphärenreservat der UNESCO geschützte Gebiet war seit Jahrhunderten Jagdrevier, in dem sich Brandenburgs Kurfürsten, Deutschlands Kaiser und zuletzt DDR-Bonzen tummelten. Die Ruine des **Klosters Chorin** gehört zu den Highlights der Geschichte, das Schiffshebewerk **Niederfinow** zu den sehenswerten technischen Meisterleistungen unserer Zeit. Mit der Entwässerung ab dem 18. Jh. wurde das tellerebene waldlose **Oderbruch** zum Gemüsegarten Berlins. Interessantes bieten Bad Freienwalde, Wriezen und Seelow an seinem Rand.

Für die westlich anschließende **Märkische Schweiz** rund um den Schermützelsee mit dem ferialen Zentrum Buckow sind Hügel und hübsche Täler charakteristisch. ›Buckelgebirge‹ wird das beliebte, 1990 zum Naturpark erklärte Naherholungsgebiet der Berliner oft genannt. Theodor Fontane schwärmte von den »Tannenabhängen und Laubholzschluchten« sowie von »Quellen, die über Kiesel plätschern und Birken, die, vom Winde halb entwurzelt, ihre langen Zweige bis in den Waldbach tauchen«.

23 Bernau

Mit der S-Bahn zu Hungerturm und Henkerhaus.

Bernau ist vermutlich aus einer slawischen Siedlung hervorgegangen, die Legende allerdings berichtet, Albrecht der Bär habe den Ort 1140 gegründet. Den Chroniken nach erfolgte die Stadtgründung jedoch erst 1232. Die günstige Lage an einer Handelsstraße, die Tuchmacherei und vor allem die **Bierbrauerei** haben Bernau zu relativem Wohlstand verholfen. Nach 1979 erlitt die erhaltene Altstadt einen Abriss größeren Stils, wobei so manche fachwerkbestandene Gasse verschwand und durch sozialistische Plattenneubauten ersetzt wurde. So stehen heute auf engstem Raum historischen Gebäuden der vergangenen Jahrhunderte sozialistische Betonfertigteil-Architekturen gegenüber.

Noch immer nahezu umschlossen wird die Stadt von der etwa 1,5 km langen und bis zu 8 m hohen mittelalterlichen **Wehrmauer** aus Feldsteinen. Teil des Verteidigungsrings mit Wall, Gräben, Wiekhäusern – der sich 1432 beim Widerstand gegen anstürmende Hussiten bewährt hatte –

ist das spätgotische **Steintor** (15. Jh.). Der massige, quadratische Backsteinbau ist durch zwei Wehrgänge mit dem schlanken **Hungerturm** verbunden und beherbergt heute das **Heimatmuseum**, das eine Menge Waffen, Rüstungen, Schwerter und Hellebarden zeigt. Die Waffensammlung wurde 1714 erstmals inventarisiert (Di–Fr 9–12, 14–17, Sa, So 10–13, 14–17 Uhr). Vom runden, früher als Gefängnis genutzten Hungerturm sind herrliche Ausblicke zu genießen. Domizil des Heimatmuseums ist ferner das **Henkerhaus**, das regelrecht an der nördlichen Stadtmauer klebt und neben mittelalterlichen Folter- und Richtwerkzeugen auch eine Ausstellung zur Lebensweise im 19. Jh. präsentiert (Di–Fr 9–12, 13–17, Sa, So 10–13, 14–17 Uhr).

Keinesfalls versäumt werden darf der Besuch der Stadtkirche **St. Marien**, ein Feldsteinbau des 13. Jh., der bis zum 15. Jh. zur weiträumigen Backsteinhalle mit vierschiffigem Langhaus und dreischiffigem Umgangschor erweitert wurde. Der 1519 ausgemalte Innenraum birgt eine der reichsten Ausstattungen der Mark. Phänomenalstes Stück ist der dreifach wandelbare *Hochaltar* (um

Kunstvoll und figurenreich – die Marienkirche in Bernau birgt einen der schönsten spätgotischen Altäre Brandenburgs, er zeigt im Zentrum eine Marienkrönung

1520) mit filigranem Schnitzwerk und Tafelmalereien aus dem Umkreis von Lucas Cranach d. Ä. Bizarr geformt ist das Gesprenge, manieristisch proportioniert die Schnitzfiguren, die bei geöffnetem Schrein eine Marienkrönung rahmen. Beachtenswert darüber hinaus sind das *Sakramentshäuschen* (15. Jh.), die *Triumphkreuzgruppe* (1490) und der zwischen korinthischen Säulen eingefügte *Bürgermeisterstuhl* im Chor.

Ein interessantes Geschichtsbuch in Bronze stellt am angrenzenden Marktplatz die **Stadtsäule** (1987) dar, die am Seitenflügel des klassizistischen **Rathauses** ihren Platz bekam. Ernst Engelhard hat darauf bedeutende Ereignisse der Stadtgeschichte gestaltet. Fußgängerzone ist die von hier südwärts führende Bürgermeisterstraße mit gemischter Bebauung. Das älteste erhaltene Fachwerk-Wohnhaus der Stadt, das **Kantorhaus** von 1583, befindet sich in der Tuchmacherstraße im Westen.

In der Brauerstr. 16–17, links neben dem Haupteingang zur Sparkasse, führen Treppen zu einem **Gewölbekeller**, der aus den ›Ursprüngen Bernaus‹ stammt (Mo–Fr 8–16 Uhr). In solchen Kellern wurde im Mittelalter das **Bernauer Schwarzbier** gebraut, woran Gärbottich und Braupfanne erinnern.

Nordwestlich von Bernau, an der B 272 nach Wandlitz, liegt im Stadtwald die **ehem. Bundesschule des Allgemeinen Deutschen Gewerkschaftsbundes,** ein denkmalgeschütztes Bauhaus-Ensemble aus Lehr-, Wohn- und Wirtschaftsgebäuden von nüchterner, bis ins Detail durchdachter Sachlichkeit. Der Schweizer Architekt und Bauhausdirektor Hans Meyer errichtete den Komplex 1929/30 in Stahlbetonbauweise mit Klinkerverblendung. Durch Glasgänge und Wintergärten hatten die Bewohner auf Zeit ständig Blickkontakt mit der Natur (Besichtigung nach Voranmeldung, Tel. 76 91 22).

Tel.-Vorwahl Bernau: 0 33 38

Information: Fremdenverkehrsamt, Bürgermeisterstr. 4, Tel. 76 19 19, Fax 76 19 70

Hotel

** **Comfort Hotel**, Zepernicker Chaussee 39, Tel. 7 02 00, Fax 70 20 70. Hotel garni an der Stadtgrenze.

Restaurant

Waldkater, Wandlitzer Chaussee 10, Tel. 57 64. Regionale Wild- und Fischgerichte.

24 Wandlitz

Bekannt geworden als ›verbotene Stadt‹ der SED-Politprominenz.

Nur ältere Berliner wissen noch, dass Wandlitz am Südufer des Wandlitzsees vor dem Zweiten Weltkrieg zu den beliebtesten Ausflugszielen im Norden Berlins gehörte. Das wieder zu werden, darum bemüht man sich redlich. Noch verbinden die meisten den Namen Wandlitz mit der **Wohnsiedlung der SED-Prominenz** um Walter Ulbricht und später Erich Honecker. Die ehem. Waldsiedlung, die nach der Wende zu einer Reha-Klinik umgestaltet wurde, liegt etwa 3 km vom Dorf Wandlitz entfernt. Das Gelände ist über die B 273 zu erreichen und steht zur Besichtigung offen.

Ab 1958 entstanden auf einem 1,4 km² großen eingezäunten Waldgelände 23 Häuser für Mitglieder und Kandidaten des SED-Politbüros, dem höchsten Parteigremium. Dieses bestimmte zwar das gesamte politische und wirtschaftliche Leben der DDR, bildete aber nicht, wie heute dort fälschlicherweise zu lesen ist, ›im Wesentlichen die Regierungsspitze‹. Beim Zusammenbruch der DDR wohnten in der Waldsiedlung 19 der höchsten SED-Parteifunktionäre, von denen sechs ein Regierungsamt innehatten. Als Anfang 1990 das Tor des Haupteingangs erstmals für die Öffentlichkeit aufgemacht wurde, war das Erstaunen groß – kein Pomp und Luxus, die Mächtigsten des Landes bewohnten mit ihren Familien **biedere Einheitsbauten**. Im Haus Habichtweg 5 lebte der 1994 verstorbene ehem. DDR-Staats- und SED-Parteichef *Erich Honecker*, sein Ziehsohn und kurzzeitiger Nachfolger *Egon Krenz* im Bus-

sardweg 4, der 2000 verstorbene Stasi-Chef *Erich Mielke* Eichelhäherweg 14.

Wandlitz ist aber nicht nur die SED-Politbüro-Siedlung! Das **Seebad** am Wandlitzsee wurde als eines der modernsten im Berliner Umland 1923 eröffnet, nach der Sanierung 1998/99 hat es wieder seine alte Attraktivität. Das heute denkmalgeschützte **Bahnhofsensemble** wurde 1923–27 im Stil der Neuen Sachlichkeit erbaut. Einblick in Geschichte und Entwicklung der brandenburgischen Landwirtschaft der letzten 200 Jahre gibt das **Agrarmuseum**. Kostbarkeiten der opulenten Sammlung stellen die drei Traktoren der Marke Lanz-Bulldog aus den Jahren 1921, 1923 und 1940 dar. Nicht minder wertvoll sind die ersten in die DDR gelieferten Traktoren aus der Sowjetunion (Breitscheidstr. 22, Di–Fr 9–16.30, April–Okt. auch Sa, So 10–17 Uhr).

Tel.-Vorwahl Wandlitz: 03 33 97

Information: FVV Märkische Seenlandschaft Wandlitz, Prenzlauer Chaussee 157, Tel. 6 61 31, Fax 6 61 68

Hotels

*** **Seepark Kurhotel**, Kirchstr. 10, Tel. 7 50, Fax 7 51 99. Ruhige Lage mit Sauna, Whirlpool, eigenem Strandbad und kreativer Küche.

*** **Waldhotel Wandlitz**, Bernauer Chaussee 28, Tel. 66 90, Fax 66 98 01. Schickes Haus, im Restaurant werden überwiegend regionale Speisen serviert.

** **ClubOtel Wandlitz**, Stolzenhagener Chaussee 22–24, Tel. 73 50, Fax 73 59 10. Neu erbaute Apartmenthäuser mit Sauna, Solarium und eigenem Seezugang.

25 Eberswalde

Stadt des Waldes und des Finowkanals. Das ›märkische Wuppertal‹ ist Brandenburgs ältestes Industriegebiet.

Markgraf Johann I. soll die Stadt gegründet haben, die 1276 erstmals als Everswolde in einer Urkunde auftaucht. Früh schon, ab dem 16. Jh., und gefördert durch die günstige Lage und kurfürstliches Wohlwollen, entstanden Kupferhämmer, Mühlen und später Gießereien und Walzwerke, die Eberswalde zu einem wichtigen **gewerblich-industriellen Ort** machten. Viel Mittelalterliches blieb daher nicht erhalten. Ende des

Exotin in Eberswalde – im Urwaldhaus des Zoos ringeln sich nicht nur Vertrauen erweckende Tiere

Zweiten Weltkriegs wurde dann auch der Stadtkern weitgehend zerstört – von deutschen Flugzeugen. Zu DDR-Zeiten trug die 1970 mit Finow zusammengelegte Stadt den Doppelnamen Eberswalde-Finow, genannt ›Efi‹. Für die 2. Landesgartenschau Brandenburg 2002 wurde in einem ehemaligen Industriegebiet zwischen der B 167 und dem Finowkanal ein neuer Park angelegt. Er bereichert das Stadtbild ungemein.

Wald dominiert rund um Eberswalde. Er hat auch in der Stadt Bedeutung, und zwar seit 1830, als die Berliner Forstakademie hierher übersiedelte und alsbald den **Forstbotanischen Garten** anlegen

Grimmige Gesichter – Terrakottaschmuck des 13. Jh. an den Portalen der Maria-Magdalena-Kirche in Eberswalde

ließ, der mittlerweile zu den ältesten Europas gehört. Etwa 1100 in- und ausländische Gehölzarten wachsen hier neben Hecken-, Stein- und Kräutergärten in den Himmel (Schwappachweg, tgl. 9–18 Uhr, Nov.–April bis 15.30 Uhr). Zu erreichen ist die Anlage auf dem Wanderweg in Richtung Spechthausen entlang des Flüsschens Schwärze. Ebenfalls an der Schwärze liegt der **Zoo**, in dem sich rund 1000 Tiere wohl fühlen. Die neuesten Attraktionen sind das Urwaldhaus (eine Amazonaslandschaft mit Kaimanen, Papageien und Orchideen) sowie das Freigehege für Bären und Wölfe (Am Wasserfall, tgl. ab 9 Uhr).

Aus der Gründungszeit der Stadt stammt die gotische, vom Kloster Chorin beeinflusste Backsteinbasilika **St. Maria Magdalena** (13. Jh.). 1632 war hier der gefallene Schwedenkönig Gustav Adolf aufgebahrt. Alle drei *Portale* tragen schönen spätromanischen Terrakotta-Schmuck mit Szenen aus dem Alten und Neuen Testament. Ältestes Ausstattungsstück ist ein bronzenes *Taufbecken* aus dem 13. Jh., das von drei Männern mit Judenhüten getragen wird. Der dreizonige *Renaissancealtar* entstand 1606.

Der nahe Marktplatz war bis 1945 nur halb so groß wie heute und an allen vier Seiten bebaut. Von Christian Daniel Rauch stammt der ruhende Löwe des **Brunnens** (1836). Zwei **Rathäuser** umsäumen den Platz, das *Alte* von 1775 und das *Neue* in Neorenaissancestil (1903–05). Das älteste Fachwerkhaus der Stadt, die historische **Adler-Apotheke** (1663), steht auf dem Gelände des Hl.-Geist-Hofes. Nach Restaurierungsarbeiten zeigt es sich wieder in alter Schönheit, eingezogen ist u. a. das **Stadtmuseum**, das die Stadt- Regional- und Wirtschaftsgeschichte vom 17.–19. Jh. nachzeichnet (Steinstr. 3, außer feiertags tgl. 10–17 Uhr).

In der Schicklerstraße stehen auf Geheiß Friedrichs II. errichtete Häuser für Arbeiter der Eisen verarbeitenden Betriebe. Hier liegt auch die **Alte Forstakademie** (1793) mit dem Denkmal des ersten Landesforstmeisters davor und nebenan die Neue Forstakademie, in der das 1886 gegründete **Deutsche Entomologische Institut** Insektenforschung betreibt und 275 000 Insektenarten in 3 Mio. Exemplaren zusammentrug (Schicklerstr. 5, Mi 14–18, So 14–17 Uhr).

Technikfans werden sich zum Flugplatz zur **Luftfahrthistorischen Samm-**

Neorenaissance am Markt von Eberswalde – gezwirbelte Giebel trägt das Rathaus von 1905

lung begeben. Zu deren Ausstellungs-
stücken gehören eine IL-14, mit der sich
Walter Ulbricht und Genossen in die
›Bruderländer‹ fliegen ließen, sowie
Kampfjets russischer Bauart, die zur
Ausrüstung der DDR-Volksarmee gehör-
ten (Am Flugplatz 1, tgl. 10–17 Uhr).

Die Lebensader der Stadt war lange
Zeit der **Finowkanal**. Die erste Wasserstraße wurde auf Order von Kurfürst
Friedrich ab 1605/06 gebaut, bis 1620
enstanden knapp 40 km Kanalbett mit elf
Schleusen. Der Dreißigjährige Krieg un-
terbrach nicht nur die Arbeiten an diesem

*Gigantischer Fahrstuhl für Schiffe – in Niederfinow hebt ein 85 m langer Wassertrog Schiffe
36 m hoch über eine Riesenstufe des Oder-Havel-Kanals*

Märchenplatz in weitläufiger Mischwald- ▷
landschaft – der Werbellinsee ist mit
seinem besonders sauberen Wasser und
einer Tiefe von 60 m nicht nur Bade-,
sondern auch Taucherparadies

umfangreichen Projekt, er zerstörte sogar
das Begonnene. Ab 1743 erfolgte der
Bau des heute noch bestehenden **zweiten
Kanals** mit Treidlerwegen beiderseits,
denn wenn Wind und Strömung nicht
ausreichten, mussten die Kähne von Menschenhand gezogen werden. 1746 fuhr
der erste Kahn auf dem neuen Kanal von
der oberen Havel zur mittleren Oder.

Mit der Eröffnung des nahezu parallel
dazu verlaufenden und für größere Schiffe ausgelegten **Oder-Havel-Kanals** 1914
verlor der Finowkanal seine wirtschaftliche Bedeutung. Er wird heute mit seinen noch vorhandenen 12 Schleusen vor
allem von Wasserwanderern genutzt.

Ausflug

In **Niederfinow** (12 km östlich) gibt es
eine technische Meisterleistung zu bewundern – dort fahren Schiffe Fahrstuhl!
Das **Schiffshebewerk** hebt bzw. senkt
beladene Kähne und Motorboote um
36 m, nur 5 Minuten dauert die Prozedur.
1934 wurde die mächtige Stahlkonstruk-
tion dem Verkehr übergeben, 256 Stahl-
trosse halten den 4300 t schweren Trog in
der Schwebe. Wer das *Schiffsschleusung*
selbst erleben möchte, steigt am Park-
platz an der Straße Eberswalde-Liepe in
ein Fahrgastschiff und nimmt an einer 1,5
Std.-Fahrt durch das Hebewerk teil. Um
größeren Schiffen die Durchfahrt von
Berlin zum polnischen Stettin und zur
Ostsee zu ermöglichen, wird neben dem
denkmalgeschützten Schiffshebewerk
bis 2010 ein neues entstehen.

Praktische Hinweise

Tel.-Vorwahl Eberswalde: 0 33 34

Information: Tourist-Information,
Steinstr. 3, Tel. 6 45 20, Fax 6 45 21

Restaurants

Forellenhof Zobel, Oderberger Str. 9,
Tel. 2 31 73. Die Fensterplätze geben
den Blick auf die Forellenmastanlage
frei, von dort holt der Koch ständig
Nachschub.

Haus am Stadtsee, Am Stadtsee 1–4,
Tel. 2 02 24. Gutbürgerliche und regionale Küche.

26 Schorfheide

*Kulturlandschaft, die als Biosphärenreser-
vat Schorfheide-Chorin unter dem Schutz
der UNESCO steht. Dorado für Wander-
freunde.*

Der Name irritiert: Heide ist hier kaum zu
finden, dafür **Mischwälder** satt, Eichen,
Kiefern, aufgelockert durch unzählige
glasklare Seen, Bachläufe und Moore,
die die abtauenden eiszeitlichen Gletscher vor 15 000 Jahren hinterließen. In
diesem Naturgebiet zwischen der Templiner Seenlandschaft und den Choriner
Endmoränen im Süden gedeihen **gefähr-
dete Pflanzen** wie Sonnentau, Trollblu-
me, Fieberklee und etliche Orchideen-
arten. Die Schorfheide ist das schönste
und größte Waldstück Brandenburgs, unberührt und doch belebt von Wildschwei-
nen, Hirschen, von Bibern, See-, Fisch-
und Schreiadlern, Schwarzstörchen,
Rohrdommeln und Großtrappen: ein
Wildland also und daher seit alters
Jagdrevier der brandenburgischen Kurfürsten und preußischen Könige – für den
Kaiser wurde 1897 eigens der *Bahnhof
Werbellin* gebaut. Später jagte dann der
Reichsmarschall des Tausendjährigen
Reiches in der Schorfheide, dem die Genossen Honecker, Mittag und Mielke
folgten. 1937 hatte der heute nicht mehr

existierende Wildzaun eine Gesamtlänge von etwa 200 km.

Deutschlands zweitgrößtes Schutzgebiet (1291 km²), zu dem etwa 240 Seen gehören, ist in vier Bereiche gegliedert: in die unberührten *Kernzonen*, die nur auf bestimmten Wegen zu erreichenden *Schutzgebiete*, die für sanften Tourismus zugelassenen, landwirtschaftlich genutzten *Entwicklungszonen* und die *Sanierungsgebiete* mit zu behebenden Landschaftsschäden.

TOP TIPP Der sehr tiefe, 13 km lange **Werbellinsee** am südöstlichen Rand der Heide, von Theodor Fontane als »Märchenplatz« bezeichnet, ist eine Oase für Sommerfrischler, Wassersportler und Wanderer. Nahe dem Westufer ließ sich König Friedrich Wilhelm IV. 1847–49 im bayerischen Landhausstil das **Jagdschloss Hubertusstock** erbauen, das später Kaiser Wilhelm II., Hitler, Mussolini und zu DDR-Zeiten Erich Honecker, Helmut Schmidt und Franz Josef Strauß als Gäste bzw. Gastgeber erlebte. Honecker hatte Hubertusstock 1971 abreißen und als Gästehaus im Edel-Jodel-Stil wieder aufbauen lassen. Beliebte Ferienorte am Werbellinsee sind am Ostufer **Altenhof** mit Strand und Möglichkeit zu Bootsausflügen und am Nordufer **Joachimsthal** mit einer nach Plänen

von Karl Friedrich Schinkel erbauten Kirche (1817). Bei **Eichhorst** im Süden ließ Prinz Carl von Preußen 1879 den *Askanierturm* errichten, an der Stelle, an der einst die Burg Werbellin gestanden haben soll. Eine mittlerweile 600-jährige Eiche im Dorf gab dem Ort seinen Namen.

Bei **Groß Schönebeck** an der B 109 liegt der Wildpark Schorfheide. In großzügigen Anlagen tummeln sich Wollschweine, Elche, Wildpferde und sogar Wölfe, die vereinzelt auf ihren Wanderungen aus Polen hierher gelangen. Die Wanderwege mit Rast- und Picknickplätzen sind fast 4 km lang, sie führen auch zum Abenteuerspielplatz und Streichelgehege für die kleinen Besucher. Das Schorfheidemuseum (Mi–So 10–17 Uhr) im Groß Schönebecker Schloss – es entstand um 1660 für den Großen Kurfürsten Friedrich Wilhelm – bietet Tierpräparate.

Auf der nahen Landzunge zwischen dem Großen Döllnsee und dem Wuckersee hatte sich Hermann Göring, einer der Mächtigsten der NS-Diktatur, seine Residenz **Carinhall** errichten lassen. Ein Findling markiert heute die Stelle, an der sich die Zufahrt zur Anlage befand. Erhalten blieben nur zwei Torhäuser, da Göring Carinhall, nach Abtransport der zusammengerafften Kunstschätze, am 28. April 1945 in die Luft sprengen ließ.

Information: Biosphärenreservat Schorfheide-Chorin, Am Stadtsee 1–4, Eberswalde, Tel. 0 33 34/58 22 88

Hotels

**** **Hotel Döllnsee**, Döllnkrug 2, Groß Dölln, Tel. 03 98 82/6 30, Fax 6 34 02. Elegantes Ambiente in idyllischer Lage am Großen Döllnsee mit Schwimmbad, Solarium, Sauna. Restaurant mit internationaler Küche.

27 Kloster Chorin

Die bedeutendste und bekannteste Ruine der Zisterzienser zwischen Elbe und Oder.

Zu Recht wird Kloster Chorin als **Juwel norddeutscher Backsteingotik** bezeichnet. Beeindruckend ist die erhabene Schönheit dieser Klosteranlage, ihr Stil prägte viele Bauten im norddeutschen Raum (April–Okt. tgl. 9–18, Nov.–März bis 16 Uhr).

Zisterzienser hatten das zweite askanische Hauskloster – das erste war das 1180 gegründete Lehnin – in mehreren Bauabschnitten 1273–1334 hochgezogen. Es entwickelte sich zum kulturellen und wirtschaftlichen Zentrum mit bis zu 80 Priestermönchen und etwa 200 Laienbrüdern in seiner Blütezeit und mit großen Besitzungen zwischen Eberswalde,

Klangfülle in Klosterruinen – klassische Konzerte locken Zuhörer zuhauf zum Choriner Musiksommer

Oderberg und Angermünde. Mit der Säkularisierung im Jahr 1542 begann der Verfall des Klosters, nach dem Dreißigjährigen Krieg wurden Teile der Anlage gar als Steinbruch genutzt. Die Romantik erkannte den Wert dieses Denkmals, die Mischung aus Verfall und einstiger Größe begeisterte die Menschen. Erhaltungsmaßnahmen unter Mitwirkung Karl Friedrich Schinkels wurden eingeleitet.

Am schönsten präsentiert sich die dreischiffige Kirchenruine in ihrer **Westfassade**, wo der gestaffelte Mittelschiffgiebel, die als Treppentürme gestalteten Eckpfeiler und die kleinen Seitenschiffgiebel eine ungemein geschlossene Bauform abgeben, die zugleich stark strukturiert und differenziert wirkt. Vornehm und feierlich wirken hingegen die feingliedrigen, steil emporstrebenden **Maßwerkfenster** des Chors. Das lang gezogene **Mittelschiff** öffnet sich mit abwechselnd mit Kreuz- und Bündelpfeilern getragenen Arkaden in die Seitenschiffe, wobei das südliche nicht mehr erhalten ist. Auch die geschmückten **Kapitelle**, die Nischenumrahmungen und die mit Blendreihen reich verzierten **Querschiffgiebel** gilt es zu beachten.

Erhalten blieben auch große Teile des Kreuzgangs, zwei Flügel der Klausur, wobei im Fürstensaal des Westflügels noch Reste **gotischer Wandmalereien** zu sehen sind – die ›Anbetung der Könige‹ und der ›Bethlehemitische Kindermord‹.

Von den ehem. Nebengebäuden stehen noch das Brauhaus, die Küche und das Pfortenhaus.

Überaus begehrt sind Karten für die alljährlich in romantischer Ruinenatmosphäre stattfindenden Konzerte des **Choriner Musiksommers** (Information und Kartenvorbestellung: Choriner Musiksommer e. V., Friedrich-Ebert-Str. 28, 16225 Eberswalde, Tel. 0 33 34/65 73 10).

Tel.-Vorwahl Kloster Chorin: 03 33 66

Hotel

**** **VCH-Hotel Haus Chorin**, Neue Klosterallee 10, Tel. 5 00, Fax 3 26. Komfortables Ambiente in Seenähe.

Restaurant

Alte Klosterschänke, Am Amt 9, Tel. 50 90. Ländlich gemütliche Atmosphäre, Dinnertheater mit bekannten Künstlern.

Die Westfassade der Choriner Klosterkirche gilt als schönstes Werk märkischer Backsteingotik

28 Bad Freienwalde

Der älteste Badeort Brandenburgs.

»Freienwalde – hübsches Wort für hübschen Ort«, schrieb Theodor Fontane treffend. Mit dem historischen Altstadtkern, dem Schlossensemble, ihrem Kurbezirk und einer Reihe schöner Häuser im spätbarocken Zopfstil besitzt die Stadt tatsächlich Sehenswertes.

Bad Freienwalde ging vermutlich im 13. Jh. aus den Siedlungen Tornow und Kietz hervor, auf dem Schlossberg befand sich eine Burg, die 1468 zerstört wurde. Aus deren Feldsteinen entstand 1895 der 26 m hohe **Bismarckturm**, der als erster in Deutschland dem ›Eisernen Kanzler‹ gewidmet wurde (April–Okt. Sa, So, Fei 11–17 Uhr). Ein weiterer Aussichtsturm, 1879 als **Kriegerdenkmal** errichtet, steht auf dem Galgenberg.

Bis zur Entdeckung der heilkräftigen, eisenhaltigen Quellen in der zweiten Hälfte des 17. Jh. war Freienwalde eine unbedeutende Ackerbürgerstadt. Dann eröffnete Kurfürst Friedrich Wilhelm 1684 den **Badebetrieb**, und von da an kurierte der brandenburgisch-preußische Adel hier seine Rheumaleiden. Königin Friederike Luise kam ab 1790 jährlich zur Kur, sie ließ sich am Apothekerberg im Süden der Stadt den **Musik- und**

Theaterpavillon mit hölzernem Säulenumgang erbauen sowie 1797 von David Gilly als Witwensitz das klassizistische **Schloss**. Innen erinnert eine Ausstellung an *Walter Rathenau*, den Außenminister der Weimarer Republik, der das Schloss von 1909 bis zu seiner Ermordung 1922 besaß (Mi–So 11–17, Nov.–März bis 16 Uhr). Den dazugehörigen **Schlosspark**

Die Kulturgeschichte des Oderlandes wird anschaulich präsentiert im Oderlandmuseum Bad Freienwalde

Weitblick über die Tiefebene des Oder- ▷
bruchs, die unter Friedrich II. zum immer-
grünen Gemüsegarten wurde

gestaltete Peter Joseph Lenné um 1820
zum Landschaftsgarten.

Sein Werk ist auch der **Kurpark** im
Brunnental mit dem **Kurhaus** (1875)
und dem klassizistischen sog. **Landhaus**. Diesen 1790 von Carl Gotthard
Langhans als Logier- und Badehaus für
adlige Gäste errichteten Bau zeichnen
sein Mansarddach und die monumentale
Nische im Mittelrisalit aus.

Der Marktplatz wird durch die spätgotische **Stadtkirche St. Nikolai** (15. Jh.)
mit prächtiger *Renaissanceausstattung*
im Inneren dominiert. Nahebei liegt das
spätklassizistische **Rathaus** und die
entzückende kleine Fachwerkkirche **St.
Georg** (1696), die seit Jahren als Konzerthalle dient. Das Loebensche Freihaus
gegenüber der Kirche, 1560 in Fachwerk
erbaut und um 1760 mit einer barocken
Putzfassade verändert, beherbergt das
Oderlandmuseum. Hier ist viel über die
Urbarmachung des Oderbruchs zu erfahren, die Friedrich II. Mitte des 18. Jh.
veranlasste. Auch Trachten des Oderbruchs werden gezeigt (Uchtenhagenstr.
2, Di–Fr 10–17, So 13–17 Uhr).

Wer sich für Ökologie interessiert,
dem sei ein Besuch im **Haus der Natur-
pflege** empfohlen, ein einzigartiges Freilandmuseum des Naturschutzes, ein
Garten voll botanischer Besonderheiten
(Dr.-Max-Kienitz-Weg 1/2, tgl. 8–18,
Okt.–März Mo–Fr 8–16 Uhr). Der
Gründer des Parks, Kurt Kretschmann,
schuf mit der Waldohreule das bundesweit eingesetzte Naturschutzsymbol.

Praktische Hinweise

Tel.-Vorwahl Bad Freienwalde: 0 33 44

Information: Tourist-Information,
Uchtenhagenstr. 2, Tel. 15 08 90,
Fax 1 50 89 20

Hotel
* **Hotel-Restaurant Zum Löwen**,
Hauptstr. 41, Tel. 4 16 60, Fax 41 66 66.
Ansprechende Zimmer im Stadtzen-
trum.

Restaurant
Schlosscafé, im Schlosspark, Tel. 23 66.
Kaffee- und Eisspezialitäten, durchgän-
gig warme Gerichte.

29 Oderbruch

*Größte geschlossene Niederungslandschaft
im Bundesland Brandenburg.*

Ausgedehnte Sümpfe mit großen und
kleinen Wasserarmen sowie Halbinseln
und Inseln prägten Jahrtausende die
Landschaft an der Oder, bis Friedrich der
Große Mitte des 18. Jh. das rund 20 km
breite und 60 km lange Oderbruch ent-
wässern ließ und damit Brandenburgs
Korn- und Zuckerkammer schuf.
Gleichzeitig entstanden zahlreiche neue
Dörfer, die bis heute das ›Neu‹ im Namen
tragen; bevölkert wurden sie mit Kolo-
nisten aus der Pfalz, Schwaben, Pommern, Österreich und Böhmen. Viele dieser Dörfer tangiert die **Oderbruchrand-
straße** (B 167), einer der ältesten Wege
dieser Gegend, an der Westseite des
Bruchs zwischen Bad Freienwalde und
Seelow.

Nördliches Oderbruch

Erster Halt nach Bad Freienwalde ist **Altranft**, das in ein *Freilichtmuseum* verwandelt wurde – Schmiede, Wasch- und
Backhaus, Scheune, Bauernhäuser, Sprit-
zen- sowie Fischerhaus verteilen sich
über das gesamte Dorf. Volkskunde und
Agrargeschichte des Oderbruchs sind
hier hautnah erlebbar, wenn an Aktions-
tagen alte Handwerkskunst wie Flachsen,

Seilern, Weben, Schmieden dargeboten werden. Die Führungen beginnen im Schloss (16. Jh.), dem Zentrum des Museumsensembles (April–Okt. Di–Fr 9–17, Sa, So 11–18, Nov.–März nur das Schloss Di–Fr 10–16, Sa, So 11–16 Uhr; Aktionstage unter Tel. 0 33 44/20 56 erfragen). Eine Außenstelle des Freilichtmuseums ist die *Bockwindmühle* in **Wilhelmsaue**, gut 20 km entfernt bei Letschin. Sie ist die letzte von einst über 100 Windmühlen der Gegend (April–Okt. Fr 10–16, Sa, So 11–17 Uhr).

3 km sind es von Altranft bis **Altgaul** mit dem *Storchenmuseum* in einem längst stillgelegten Ziegelbrennofen des 19. Jh. Es bietet Informatives über den Weißstorch, der sich bis heute im Oderbruch wohl fühlt (April–Sept. tgl. 10–17 Uhr). Anziehungspunkt in **Altreetz** ist der *Schulzoo* mit etwa 300 Tieren. Aber nicht nur lebende Tiere – Affen, Waschbären, Luchse – sind hier zu sehen, auch Präparate von Seltenheiten aus fernen Ländern. Der Altreetzer Zoo erhält nämlich vom Zoll beschlagnahmte Tierpräparate, deren Einfuhr verboten ist (Schulgartenstr. 10, tgl. 9–18 Uhr). Hier in Altreetz erinnert ein großer Findling mit der Inschrift ›Zum Gedenken an den Kampf gegen das Hochwasser‹ an das verheerende **Jahrhunderthochwasser** im Sommer 1997. Der Stein wurde unter dem Sand gefunden, der zum Füllen der Säcke in das kleine Dorf kam.

In **Wriezen** an der Alten Oder weisen noch das gitterförmige Straßennetz und der zentral gelegene Marktplatz auf eine planmäßige mittelalterliche Stadtanlage hin. In den letzten Tagen des Zweiten Weltkriegs lag Wriezen im Verteidigungsring um Berlin und wurde evakuiert. Als die Einwohner zurückkehrten, fanden sie eine nahezu total zerstörte Stadt vor. Zeugnis davon legt die gotische Pfarrkirche *St. Marien* (15. Jh.) ab; sie beeindruckt auch noch als Ruine. Ihr Turm wurde 1998 wieder hergestellt. Von

Oderbruch – Polen ist ganz nah und flaches Land für Radfahrer sehr angenehm

Star-Architekt der Hohenzollern

Lobende Worte fand Fontane über **Karl Friedrich Schinkel** *(1781–1841), Preußens berühmtesten Baumeister des Klassizismus: »Unter allen bedeutenden Männern, die Ruppin, Stadt und Grafschaft hervorgebracht, ist Karl Friedrich Schinkel der bedeutendste.« Der kleine Pomonatempel auf dem Potsdamer Pfingstberg war das erste seiner Werke, die Nikolaikirche und Schloss Charlottenhof in Potsdam sowie das Schauspielhaus und das Alte Museum in Berlin seine bedeutendsten.*

Der in Neuruppin Geborene wurde 1798 Schüler von **David und Friedrich Gilly** *an der Berliner Bauakademie und kam durch Vermittlung Wilhelm von Humboldts zur Oberbaudeputation. Dort stieg er zum* **Oberlandesbaudirektor Preußens** *auf, der jeden Entwurf zu begutachten und zu genehmigen hatte. Nicht selten nahm der kritische Schinkel Veränderungen vor, deshalb kann sich manch abgelegenes Dorf heute eines Schinkel-Schlosses oder einer Schinkel-Kirche rühmen. Viele Entwürfe blieben unausgeführt, denn auch damals waren die Staatskassen leer.* **Friedrich Wilhelm III.** *bremste die Ideen Schinkels mit den Worten: »Dem muß man einen Zaum anlegen!« Zu Schinkels* **Hinterlassenschaften** *gehören nicht nur 83 ausgeführte Bauwerke, sondern auch mehr als 4000 Zeichnungen, 42 Bühnenbildentwürfe und mehr als 60 Ölbilder.*

Wriezen empfiehlt sich ein Abstecher ins südlich nahe **Möglin**, wo im 400-jährigen Herrenhaus *Albrecht Daniel Thaer* (1752–1828) mit einer Ausstellung gewürdigt wird. Er gilt als Begründer der wissenschaftlichen Landwirtschaftslehre (Hauptstr. 19/20, März–Dez. Di–Fr 9–16, Sa, So 10–16 Uhr). Friedrich Wilhelm III. verlieh 1819 der hier von Thaer gegründeten Lehranstalt, die bis 1861 bestand, den Titel ›Königliche Akademie des Landbaus‹.

Das benachbarte **Kunersdorf** war Anfang des 19. Jh. ein geistig-kulturelles Zentrum in Brandenburg. Im verschwundenen Schloss weilten Dichter, Künstler, Wissenschaftler, darunter die Gebrüder Humboldt, Staatskanzler von Hardenberg u. v. a., zusammengeführt von *Helene Charlotte von Lestwitz* – sie nannte sich später Frau von Friedland – und deren verheirateter Tochter *Henriette Charlotte Itzenplitz*. Der Dichter Adalbert von Chamisso schrieb hier 1813 sein Prosawerk ›Peter Schlemihls wundersame Geschichte‹. Besuchenswert ist die bedeutende *Grabkolonnade* derer von Lestwitz und Itzenplitz auf dem Friedhof – neun jeweils durch dorische Säulenpaare getrennte Nischen unter durchlaufendem Gesims sind bestückt mit Stelen, Reliefbildnissen, Marmorurnen der berühmten Bildhauer Johann Gottfried Schadow, Christian Daniel Rauch und Christian Friedrich Tieck.

Das östlich gelegene **Neutrebbin** erhielt 1904 auf dem Dorfplatz ein *Denkmal Friedrichs II.* mit einer 2,5 m hohen Bronzefigur des Monarchen, die jedoch in den ersten DDR-Jahren entfernt wurde. Seit 1997 steht Friedrich der Große wieder an seinem angestammten Platz – als Nachguss. Ein ähnliches Schicksal erlitt das Standbild Friedrichs II. (1905) in **Letschin**. Über die DDR-Jahre hinweg konnte es allerdings versteckt, vor der Vernichtung bewahrt und schließlich 1990 wieder aufgestellt werden. Von der im Zweiten Weltkrieg zerstörten *Kirche* blieb allein der nach einem Entwurf von Karl Friedrich Schinkel 1818 angebaute Backsteinturm bestehen, er wurde zum Wahrzeichen des Dorfes.

Südliches Oderbruch

Das größte Dorf an der B 167 ist **Neuhardenberg**. Es müsste eigentlich Schinkeldorf heißen, ist aber nach dem preußischen Staatskanzler Karl August Fürst von Hardenberg benannt, der mit Frei-

Neuhardenberg – das Schloss trägt Schinkels Handschrift, den Park gestaltete Peter Joseph Lenné. In der Nazizeit fanden hier Treffen der Widerständler um Graf Stauffenberg statt

herrn vom Stein den preußischen Staat grundlegend reformierte und 1814 dafür in den Besitz des Ortes mit seinem Schloss kam. Der junge Schinkel war nämlich entscheidend am Wiederaufbau des 1801 abgebrannten Dorfes beteiligt.

Nach seinen Vorschlägen entstanden die ersten 32 neuen Häuser, dazu die *Kirche* mit ihrem markanten ovalen Aufsatz am Westturm und der dorischen Säulenhalle an der Ostwand. Im Inneren wird das Herz Hardenbergs bewahrt. Und auch dem *Schloss* (1820–23) hat er sein heutiges klassizistisches Aussehen verliehen. Während der Kriegsjahre fanden darin konspirative Treffen der Widerstandsgruppe um Claus Graf Schenk von Stauffenberg statt.

Das schön proportionierte, reich durchfensterte Gebäude gehört heute dem Deutschen Sparkassen- und Giroverband, der es 2002 als **Tagungs- und Kulturzentrum** eröffnete. Schloss Neuhardenberg soll ein Ort gesellschaftspolitischer, philosophischer und künstlerischer Debatten werden. Das *Museum* (Di – So 11 – 19 Uhr) im linken Kavaliershaus mit der Ausstellung ›Schloss Neuhardenberg. Ein Ortstermin‹, das *Hotel* mit 56 Zimmern (Tel. 03 34 76/60 08 00) und das Restaurant ›Brennerei‹ runden die Anlage ab. Für die Umgestaltung des *Schlossparks* waren Peter Joseph Lenné

und Fürst Hermann von Pückler-Muskau, der Schwiegersohn Hardenbergs, verantwortlich. Der Park wurde nach historischem Vorbild restauriert und ist öffentlich zugänglich. Am *Friedrich-Denkmal* (1792) hinter dem Schloss trauern Mars und Minerva um den toten Kö-

Athena und Mars trauern in Lennés Schlosspark um Friedrich II., Denkmal von Johann Wilhelm Meil, 1792

nig; den Marmorsockel schuf Christian Daniel Rauch 1821 nachträglich. Übrigens änderte das Dorf viermal den Namen – bis 1815 hieß es Quilitz, bis 1949 Neu-Hardenberg, bis 1990 Marxwalde.

Liebhaber von Zinnfiguren sollten im 8 km entfernten **Gusow** Halt machen. Dort zog ins dreiflügelige, um 1870 im Stil englischer Landsitze umgebaute Schloss das *Zinnfigurenmuseum* zur brandenburgisch-preußischen Geschichte (April– Sept. Di–So 10–18, Okt.–März Di– So 10–17 Uhr). Etwa 160 Dioramen mit 7000 Zinnfiguren sind zu bewundern, auch deren Herstellung wird erläutert. Besonders oft taucht Georg Freiherr von Derfflinger auf, was nicht erstaunt, wenn man weiß, dass der Generalfeldmarschall 1651–95 in Gusow wohnte.

An den strategisch wichtigen Oderhängen bei **Seelow** tobte im April 1945 eine der letzten Schlachten des Zweiten Weltkriegs. Etwa 33 000 sowjetische, 5000 polnische und fast 12 000 deutsche Soldaten fanden hier den Tod. Über diese Phase des Kriegs informiert die *Gedenkstätte Museum Seelower Höhen*, direkt an der B 1 am Stadtrand (Di–So 9–16.30 Uhr). Zahlreiche Soldatengräber und das monumentale 1945 von den Sowjets aufgerichtete *Siegesdenkmal* er-

innern ebenfalls an das furchtbare Geschehen. Am Bau der klassizistischen *Kirche* in der Stadt war Karl Friedrich Schinkel maßgeblich beteiligt.

Unübersehbar im nahen **Friedersdorf** ist der Backsteinkasten des *Kunstspeichers*. Im einstigen Getreidespeicher (1922/23) wird zu Theateraufführungen, Konzerten und Künstlerlesungen geladen. Mehrmals im Jahr sind Ausstellungen mit Werken regionaler Künstler zu sehen (April–Mitte Okt. Mi–So 11–18 Uhr, Mitte Okt.–März Di 9–17, Mi, Do 9–15 Uhr, Tel./Fax 0 33 46/84 38 56).

Praktische Hinweise

Information: Tourist-Information, Bahnhofstraße (im Wasserturm), Wriezen, Tel. 03 34 56/7 17 39

Tourist-Information Oderbruch e.V., Mittelstr. 10, Seelow, Tel. 0 33 46/ 84 98 08, Fax 84 98 07

Hotel

TOP TIPP **** **Parkhotel Schloss Wulkow**, Hauptstr. 24, Wulkow, Tel. 03 34 76/5 80, Fax 5 84 44. Jugendstilinterieur und italienische Stilmöbel, Fitnessbereich mit Sauna und Dampfbad.

Buckow, Zentrum der Märkischen Schweiz, hat einen Badeplatz am Schermützelsee

Im Brecht-Weigel-Haus in Buckow verbrachte das Dichterpaar den Sommer

30 Buckow

Im Herzen der Märkischen Schweiz.

Wald- und seenreich, stark gebuckelt und mit tiefen Tälern zeigt sich der **Naturpark Märkische Schweiz**. Dessen Verwaltungssitz und Zentrum ist der viel besuchte Luft-und Badekurort Buckow. Bereits 1854 war Friedrich Wilhelm IV. von seinem Leibarzt ein Aufenthalt mit den Worten empfohlen worden: »Majestät, in Buckow geht die Lunge auf Samt!« Der klare **Schermützelsee**, mit 45 m einer der tiefsten Seen Brandenburgs, bietet obendrein hervorragende Bedingungen zum Baden, Paddeln und Surfen.

Berühmt wurde Buckow vor allem, weil sich hier der weltberühmte Dramatiker Bertolt Brecht (1898–1956) und seine Frau, die Schauspielerin Helene Weigel (1900–1971) erholten. Sie hatten dazu ein Jugendstilhaus mit Atelier gepachtet, in dem Brecht am ›Coriolan‹ und ›Turandot‹ arbeitete und Künstler wie Paul Dessau und Hanns Eisler empfing. Das **Brecht-Weigel-Haus** wurde Museum, es präsentiert Fotos, Dokumente und Persönliches. Im Bootshaus steht der Originalwagen, den Helene Weigel als ›Mutter Courage‹ in der ersten Inszenierung 1949 zog (Bertolt-Brecht-Str. 29, April–Okt. Mi–Fr 13–17, Sa, So 13–18, Nov.–März Mi–Fr 10–12, 13–16, Sa, So 11–16 Uhr).

Für Spaziergänge und Wanderungen eignet sich das wildromantische **Stobbertal**. Am wildbachartigen Sophienfließ trifft man auf die **Wurzelfichte**, Buckows bekanntestes Naturdenkmal. Die Wurzeln des rund 160 Jahre alten Baums liegen – mannshoch – zum größten Teil frei. Besonders schöne Aussicht auf Buckow mit Schermützelsee und die umliegende Hügelwelt bietet die **Bollersdorfer Höhe**, nach Fontane »vielleicht das schönste Landschaftsbild« der Märkischen Schweiz.

Gesuchtes Wanderziel in Buckows Umgebung – am Sophienfließ steht die Wurzelfichte mit ihren riesigen Tentakeln

Ausflug

Die Kleinstadt **Müncheberg**, etwa 12 km von Buckow entfernt, umschließt eine weitgehend erhaltene *Stadtmauer* aus Feldsteinen (14. Jh.). Bestehen blieben auch der runde *Küstriner-* und der quadratische *Berliner Torturm*. Die kriegszerstörte frühgotische Kirche *St. Marien* mit dem von Karl Friedrich Schinkel entworfenen Westturm (1829) bekam bei ihrer Wiederherstellung ein mehrstöckiges Gemeindehaus eingebaut und wird nun auch als Kulturzentrum genutzt.

Praktische Hinweise

Tel.-Vorwahl Buckow: 03 34 33

Information: Fremdenverkehrsamt Märkische Schweiz, Wriezener Str. 1a, Buckow, Tel. 5 75 00, Fax 5 77 19

Hotels

*** **Kur- und Tagungshotel Am See**, Ringstr. 5–6, Tel. 63 60, Fax 63 61 38. Zimmer mit Balkon; Sauna, Solarium, eigene Badestelle und Restaurant.

*** **Stobber-Mühle**, Wriezener Str. 2, Tel. 6 68 66, Fax 6 68 44. Schicke Apartments mit Whirlpool oder Wannenbad, ausgezeichnete Küche im hauseigenen Restaurant.

31 Strausberg

Ausgangspunkt in eine malerische Wald- und Seenlandschaft, ein herrliches Wandergebiet.

Aus einer alten Fischersiedlung wuchs ein Städtchen, das die Berliner wegen der nahen ausgedehnten Wälder- und Seenketten bereits im 19. Jh. als **Ausflugsziel** entdeckten. Scharenweise kamen sie damals mit Picknickkörben; heute ermöglicht die S-Bahn eine bequeme Anreise von der Hauptstadt. Manches über diese frühe Zeit ist im **Heimatmuseum** zu erfahren, das sich in einem 1867 als Caféhaus Weber eröffneten Gebäude befindet (August-Bebel-Str. 33, Di, Mi, Do 10–12, 13–17, April–Sept. auch So 14–17 Uhr).

Zu DDR-Zeiten hatte das Ministerium für Nationale Verteidigung in Strausberg seinen Sitz, die Einwohnerzahl verdreifachte sich in dieser Zeit, Uniformen bestimmten das Stadtbild.

Von der **Stadtmauer** des 13. Jh. sind noch große Teile in einer Höhe von teil-weise 6 m erhalten, beispielsweise nördlich der Anlegestelle der **Fähre**, die zu Strausbergs Attraktionen gehört. Seit 1894 verbindet sie das Ostufer des *Straussees* mit seinem 360 m entfernten Gegenüber, dem Zugang ins Wanderparadies des Strausberger Waldgebiets. Es ist Deutschlands einzige elektrische Seilfähre mit Oberleitung. Unweit der Anlegestelle, am Fichteplatz, öffnete 1925 die **Seebadeanstalt** mit heute denkmalgeschützten gelbbraun gestrichenen Holzbauten. Die Georg-Kurze-Straße führt zum Marktplatz mit der ganz aus Feldsteinen errichteten und durch ihren breit gelagerten Westquerbau eminent beeindruckenden **Marienkirche** (13. Jh.). Im Inneren der Pfeilerbasilika faszinieren *Gewölbemalereien* (1448), ein spätgotischer *Schnitzaltar* mit einer Madonna im Strahlenkranz (um 1520) und eine imposante *Barockkanzel* (1700). Den oberen Abschluss des Marktplatzes bildet das zweigeschossige klassizistische **Rathaus** von 1825.

Ausflug

Altlandsberg, ein besuchenswertes Städtchen 15 km westlich von Strausberg, besitzt noch den mittelalterlichen Grundriss. Vorwiegend zweigeschossige Bürgerhäuser aus dem 19. Jh. prägen das sympathische Stadtbild, aus dem die gotische *Marienkirche* mit großem, barock behelmten Feldsteinturm und die in der Nachbarschaft stehende barocke *Schlosskirche* (1768) herausragen. Die *Stadtmauer* aus unbearbeiteten Feldsteinen blieb fast vollständig erhalten, auch der *Strausberger Torturm* im Osten und der *Berliner Torturm* im Süden. Bedeutend ist das *Scheunenviertel* östlich der Altstadt (Richtung Strausberg, Rüdersdorf), ein geschlossenes, aus etwa 40 Backsteinscheunen bestehendes Ensemble des 19. Jh., das leider von Jahr zu Jahr mehr verfällt.

Praktische Hinweise

Tel.-Vorwahl Strausberg: 0 33 41

Information: Stadt- und Tourist-Information, August-Bebel-Str. 1, Tel. 31 10 66, Fax 38 14 45

Hotels

**** **Landhaus Villago**, Altlandsberger Chaussee 88–89, Eggersdorf, Tel. 46 90, Fax 46 94 69. Am Ufer des Bötzsees, mediterrane Atmosphäre, Zimmer im

Lektion über die Kalksteingewinnung im 19. Jh. – Museumspark Rüdersdorf

Countrystil eingerichtet; Schwimmbad, Restaurant.

** The Lakeside, Gielsdorfer Chaussee 6, Tel. 3 46 90, Fax 34 69 15. Im englischen Landhausstil mit Restaurant und English Pub; die Hochzeitssuite im Turm mit eigenem Whirlpool.

Schlosshotel Reichenow, Dorfstr. 1, Reichenow, Tel. 03 34 37/30 80, Fax 3 08 88. Ideenreich und geschmackvoll möbliert, interessant ist das angebotene Gesundheitsprogramm; Restaurant.

32 Rüdersdorf

Museumspark mit einzigartigen Industriedenkmälern.

Seit rund 600 Jahren ist Rüdersdorf mit dem **Kalkabbau** verbunden; der erste Nachweis darüber findet sich in Aufzeichnungen bereits um das Jahr 1376. Für viele namhafte Bauwerke, etwa das

Brandenburger Tor und das Olympiastadion in Berlin, wurde Rüdersdorfer Kalk verwendet.

TOP TIPP Im **Museumspark** ist die faszinierende Technik hautnah zu erleben, mit der Kalk abgebaut und verarbeitet wurde. Die Ausstellung ›Geologie im Haus der Steine‹ zeigt steinerne Zeugen der 240 Mio. Jahre alten Geschichte des Rüdersdorfer Kalksteins, im **Bohlenbinderhaus** ist zu sehen, wie um 1924 ein Kalkbrennofen als Wohnung genutzt wurde und im Magazingebäude werden Sonderausstellungen gezeigt.

Gegenüber diesem Bauwerk aus dem 18. Jh. stehen die auffallend großen Brenntürme der **Rumford'schen Öfen** (1804/05, 1817), in der Nähe liegen der **Bülowkanal** (1815/16) und das Portal des **Heinitzkanals**. Dieses Kanalsystem entstand Anfang des 19. Jh., um die Kalksteinbrüche mit den natürlichen Wasserstraßen zu verbinden. Auf dem Weg zur ›Kathedrale des Kalks‹, einer mehrgeschossigen **Schachtofenbatterie** mit 18 sich nach oben verjüngenden Brennöfen aus den Jahren 1871–77 passiert man den an eine Burg mit Zinnenkranz erinnernden **Seilscheibenpfeiler** (1871), der das Schienennetz am Boden des Tagebaus mit der Eisenbahnstrecke auf der Anhöhe verband. Mittels Dampfmaschine wurden hier Wagen an Stahlseilen über eine 205 m lange schräge Ebene in den Kalkbruch hinabgelassen bzw. nach oben gehievt. Täglich finden nach Voranmeldung Jeeptouren statt, auf Mountainbiketouren kann das Gelände erkundet werden, Orientierungspläne werden zur Verfügung gestellt (Heinitzstr. 11, tgl. 10-18 Uhr).

Die Rüdersdorfer **Mühlenfließbrücke** (1937–39) ist mit 742 m die längste Autobahnbrücke Brandenburgs. 1990–95 wurde sie für rund 50 Mio. Euro auf sechs Spuren erweitert. Eine Besonderheit sind die hohen Lärmschutzwände aus Acrylglas, die die Lärmbelästigung verringern und gleichzeitig Ausblick auf die schöne Landschaft gestatten.

Ausflug

In **Dahlwitz-Hoppegarten** (12 km nordwestlich von Rüdersdorf) fand 1868 das erste Galopprennen statt, auch der preußische König und der spätere Reichskanzler Otto von Bismarck schauten damals zu. Die Rennbahn war nach dem Vorbild der französischen Bahnen Paris-Longchamp und Chantilly entstanden; in den besten Zeiten wurden hier 1500 Vollblüter trainiert, berühmte Pferde und Jockeys gaben sich ein Stelldichein. Die Anlage gilt als *Deutschlands schönste Galopprennbahn*, die 1400 m lange gerade Bahn ist einmalig. Rennsaison ist von April bis Oktober: Dann feuern wieder Wettfreudige und Betuchte ihre Favoriten an (Info-Tel. 0 33 42/3 89 30, Fax 30 06 91).

Praktische Hinweise

Hotel

*** **Hotel Hoppegarten**, Köpenicker Str. 1, Dahlwitz-Hoppegarten, Tel. 0 33 42/36 70, Fax 36 73 67. Angenehm, zentral und ruhig.

33 Erkner

Gerhart Hauptmanns mehrjähriger Wohnort in erholsamer Landluft.

Mit der S-Bahn-Linie 3 ist man von der Hauptstadt ganz schnell in Erkner und damit im Grünen. Schon Mitte des 19. Jh. entdeckten die Berliner den schön zwischen Dämeritz- und Flakensee, an Spree und Löcknitz gelegenen Ort als Ausflugsziel.

Prickelnde Rennatmosphäre in Dahlwitz-Hoppegarten – ja wo laufen sie denn?

Mobiliar aus dem Familienbesitz – Gerhart-Hauptmann-Museum in Erkner

Der junge Gerhart Hauptmann (1862–1946) war im Herbst 1885 aus gesundheitlichen Gründen ins ländlich-ruhige Erkner gekommen und bezog mit seiner Frau die untere Etage der ehem. Villa Lassen, die heute das **Gerhart-Hauptmann-Museum** beherbergt. Er wohnte in diesem klassizistischen Haus bis 1889, hier kamen seine ersten drei Söhne zur Welt, hier schrieb er die Novelle ›Bahnwärter Thiel‹ und das Drama ›Vor Sonnenaufgang‹. Die Gegend lieferte Hauptmann Figuren und Stoff für seine frühen literarischen Werke, auch im ›Biberpelz‹ (1893) tauchen einige seiner Zeitgenossen aus Erkner auf. Wohn- und Arbeitsräume des späteren Nobelpreisträgers sind original ausgestattet, so auch das Arbeitszimmer mit dem schweren Schreibtisch und einem Schrank nach Entwurf des Dichters (Gerhart-Hauptmann-Str. 1–2, Di–So 11–17 Uhr).

Nicht weit davon entfernt, in einem kleinen strohgedeckten Fachwerkhaus von 1760, stellt der **Museumshof am Sonnenluch** Heimatgeschichtliches aus, darunter eine komplette Schusterwerkstatt und Fundstücke aus der Bronzezeit (Heinrich-Heine-Str. 17/18, Mi 15–18, Sa 14–18, So 10–12, 14–17 Uhr).

Ausflug

Von Erkner fahren Ausflugsschiffe nordwärts nach **Woltersdorf**, das vom Berliner S-Bahnhof Rahnsdorf auch mit der Straßenbahn zu erreichen ist. Von der Endhaltestelle sind es nur wenige Schritte bis zur *Hubbrücke* (1929) an der alten Schleuse, die seit 500 Jahren den unterschiedlichen Wasserstand von Kalk- und Flakensee ausgleicht. Der Wasserweg war für den Transport des Rüdersdorfer Kalks wichtig.

Vorbei an der nahen *Liebesquelle* geht es hinauf auf die 108 m hohen Kranichsberge mit *Aussichtsturm*, der nicht nur schöne Sicht auf die Wälder des umliegenden Seengebiets gewährt, sondern auch eine ständige Ausstellung zur Ufa-Filmgeschichte zeigt, denn in Woltersdorf wurde vor und nach dem Ersten Weltkrieg mancher heute längst vergessene Film gedreht (April–Okt. Mo–Fr 9.30–15.30, Sa, So 10–17, Nov.–März Di–Do 10–15, Sa, So 10–16 Uhr).

Praktische Hinweise

Tel.-Vorwahl Erkner: 0 33 62

Information: FVV Grünheider Wald- und Seengebiet, Fangschleusenstr. 1b, Erkner, Tel. 7 59 33, Fax 2 45 39

Restaurant

Gaststätte Löcknitz-Idyll, Fangschleusenstr. 1, Tel. 36 14. Auf der Karte steht auch eines der Lieblingsgerichte von Fontane: ›Gebackene Kalbsbrust mit gedünsteten Stachelbeeren, Sahnesoße und Petersilienkartoffeln‹.

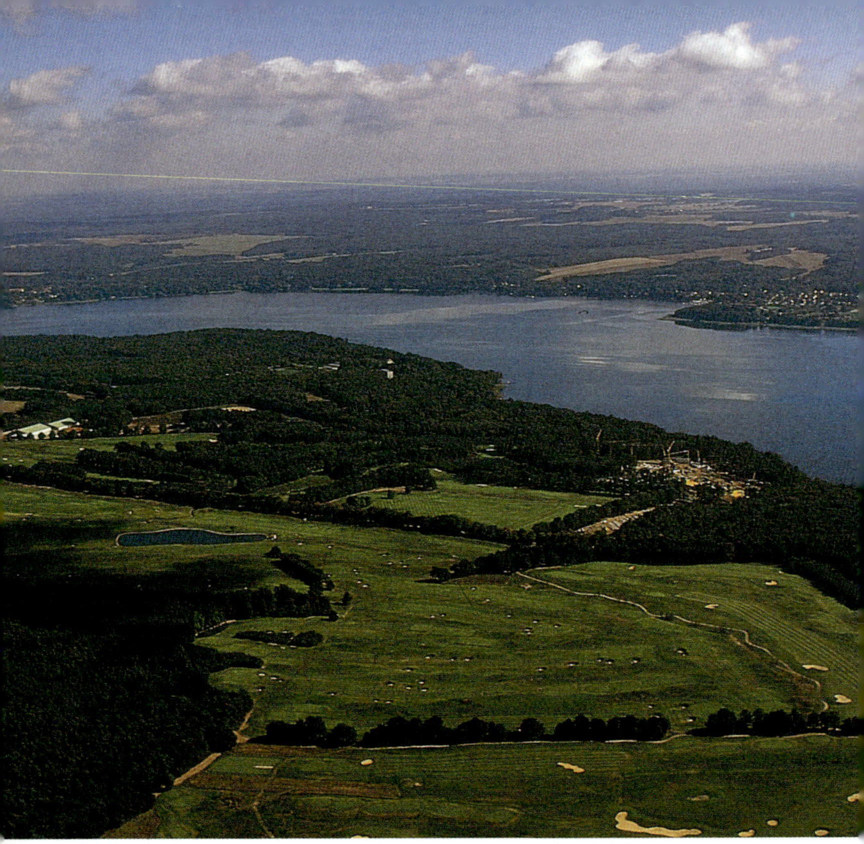

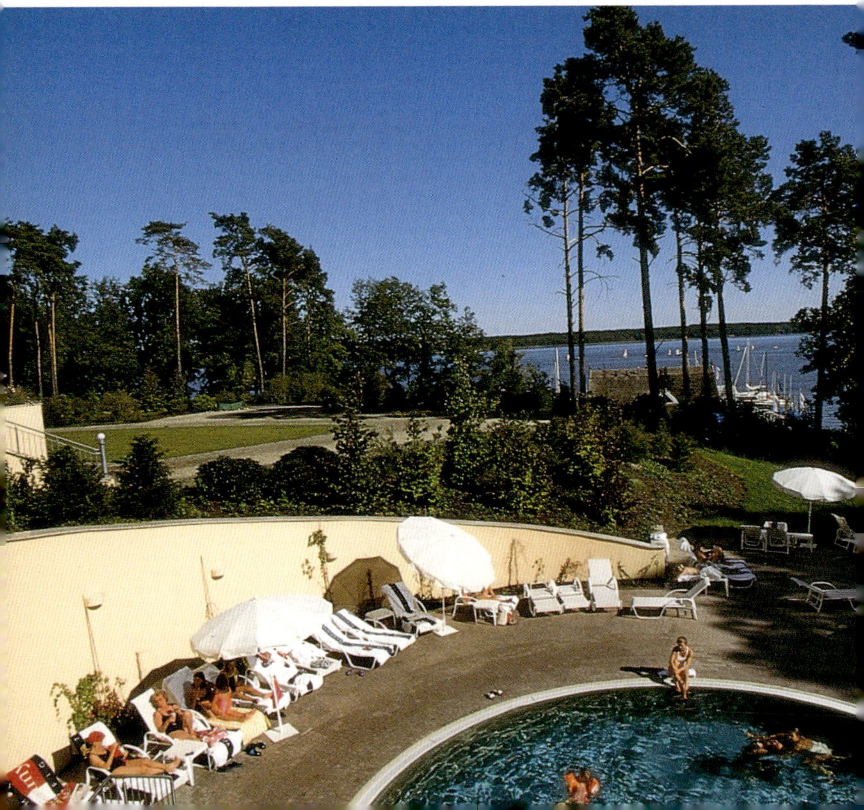

Oder-Spree- und Dahme-Seengebiet – Flüsse und Kanäle, Wald und Wiesen

Wasser und immer wieder Wasser! Die **Seen** zwischen Spree und Oder sind kaum zu zählen, große und kleine, unberührt mit schilfbewachsenen Rändern die einen, mit Badestränden voller Trubel die anderen. Der größte und bekannteste ist der **Scharmützelsee**, das ›Märkische Meer‹. **Bad Saarow-Pieskow** an seinem Ufer ist gerade wieder dabei ein noble Ferienort zu werden, der er vor 1945 war. Ein Naturkleinod mit abwechslungsreicher, für Wanderer prädestinierter Landschaft ist das **Schlaubetal**. Dass die **Lausitzer Neiße** nach dem Zweiten Weltkrieg Grenzfluss wurde, ist in **Guben** – der geteilten Stadt – besonders augenfällig. Bei Ratzdorf mündet die Neiße in die Oder, die an **Eisenhüttenstadt** vorbeifließend **Frankfurt** erreicht, heute die wichtigste Grenzstadt Deutschlands in Richtung Osten.

Das am südlichen Berliner Stadtrand bei Königs Wusterhausen beginnende **Dahme-Seengebiet** ist mit seinen ausgedehnten Kiefernforsten, Wiesen und märchenhaften Gewässern seit langem ein touristisch überaus beliebter Landstrich. Dort gibt es etwa 70 Seen, die zum großen Teil durch Kanäle und das Flüsschen Dahme miteinander verbunden sind.

34 Fürstenwalde/Spree

Waldumkränzte Domstadt.

1679 schwärmte der Fürstenwalder Bürgermeister Jacobus Lotitius: »Am Wasser liegt die Stadt: ihr Bildnis und Gestalt ist lustig, lieblich, schön: ist lauter Grün und Wald ...« Am Wasser liegt Fürstenwalde noch heute, Grün und Wald dominieren nach wie vor in der Umgebung. Im Zweiten Weltkrieg wurde Fürstenwalde schwer beschädigt. Diese Spuren, aber auch die Bausünden der Nachkriegszeit, sind unübersehbar.

Eines der ersten Gebäude, die wieder erstanden, war das spätgotische **Rathaus**. Seit 1968 erstrahlt der rechteckige Bau mit markantem *Zierrippengiebel* und vorgesetztem Turm in alter Pracht. Bedeutend länger warten musste der benachbarte **Dom St. Marien**, den die Bischöfe von

◁ *Am ›Märkischen Meer‹: Ein Saum dunkelgrüner Kiefernwälder umschlingt den Scharmützelsee* (oben)*, den größten aller brandenburgischen Seen – einst klassisches Erholungsgebiet der Berliner Prominenz. Heutige Besucher werden im Luxushotel* (unten) *an seinem Ufer in Bad Saarow-Pieskow verwöhnt.*

Lebus (nördlich von Frankfurt) im Zuge ihrer Residenzverlegung nach Fürstenwalde um 1470 als dreischiffige Backsteinhalle mit Umgangschor und bemerkenswertem Turmbau errichtet hatten. Nach seiner Zerstörung im Zweiten Weltkrieg konnte 1995 der Wiederaufbau abgeschlossen werden. Zu den geretteten Kunstwerken gehören ein zierliches, reich dekoriertes *Sakramentshaus* (1517), das 1943 eingemauert und erst 1989 freigelegt wurde. Der Innenraum wird heute durch eine gläserne Wand geteilt, die die Kirchenhalle im vorderen Teil vom dreigeschossigen Gemeindezentrum mit der fußbodenbeheizten ›Winterkirche‹ in der Westhälfte trennt.

In einem der wenigen spätbarocken Häusern Fürstenwaldes präsentiert das örtliche **Museum** Deutschlands größte Geschiebesammlung (Geschiebe sind von Eiszeitgletschern mitgeführte Gesteine) sowie Informatives über den Braunkohle- und Muschelkalkabbau der Region (Domstr. 1, Di–Fr 10–12, 13–16, So 10–12, 14–16 Uhr).

Einen Besuch wert ist auch der **Heimattiergarten** im Stadtpark mit seinen begehbaren Streichelgehegen. Selbst mit Berberaffen kann dort innige Freundschaft geschlossen werden (Im Stadtpark, April–Sept. tgl. 9–18, Okt.–März bis 16 Uhr). Großer Beliebtheit erfreut sich das Spaßbad Schwapp mit Piratenburg, mehreren Rutschen, Wildwasserfahrt und Grottenwasserfall.

Praktische Hinweise

Tel.-Vorwahl Fürstenwalde/Spree: 0 33 61

Information: Fremdenverkehrs- und Tourismusverein Fürstenwalde, Mühlenstr. 26, Tel. 76 06 00, Fax 76 06 01

Hotels

**** **Welcome-Hotel Kaiserhof**, Eisenbahnstr. 144, Tel. 55 00, Fax 55 01 75, Internet: www.kaiserhof.de. Modernes Haus mit lichtdurchflutetem Atrium, Küche mit österreichischem Akzent.

* **Hotel Zille-Stuben**, Schlossstr. 26, Tel. 5 77 25, Fax 5 77 26. Wohnen und Schlafen im historischen, modernisierten Milieu.

35 Bad Saarow-Pieskow

Berühmter Kur- und Ferienort am ›Märkischen Meer‹.

»Märkisches Meer« nannte Fontane den gut 10 km langen und 28 m tiefen **TOP TIPP** **Scharmützelsee**. Im Norden von den Rauenschen Bergen geschützt und eingebettet in schönen Waldbestand, ist er ein beliebtes Urlauberziel, geschätzt vor allem von Wassersportlern. Um 1900 entstand an seiner Nordspitze eine **Villensiedlung** im Landhausstil, aus der schließlich der weithin bekannte Kurort Bad Saarow hervorging. Erinnerungen an damals lässt der denkmalgeschützte **Bahnhof** von 1911 am Ortseingang wach werden; mit seinen auffallenden Fachwerkgiebeln und Kolonnaden gibt er zugleich ein gutes Beispiel für die Bauweise des Heimatstils hier am See.

Bad Saarow-Pieskow ist es gelungen, sich wieder in die erste Reihe der Kur- und Ferienorte Deutschlands einzureihen. Zwei 18-Loch-Golfplätze, Tennis-, Reit- und Segelanlagen sowie zahlreiche moderne Hotels, darunter zwei in der Luxuskategorie, sind vorhanden. Der im August 1998 eingeweihte **Kursaal** bildet das Veranstaltungszentrum, er wurde an das frühere Kurcafé im **Kurpark** angebaut. Den hielt die östliche Siegermacht des Zweiten Weltkriegs bis zu ihrem Abzug 1994 besetzt, doch nun zeigt er sich wieder schön gestaltet. Ein Trumpf **TOP TIPP** ist auch die neue **Saarow-Therme**, in der sich die Besucher in 34° – 36° C warmer Thermalsole in drei ineinander übergehenden Becken drinnen wie draußen von Sprudeldüsen zum Strömungskanal oder unter den Massagepilz genüsslich treiben lassen können. Zum Sonnenbaden und Ausruhen lädt die Dachterrasse über dem Saunabereich.

In den 20er- und 30er-Jahren des 20. Jh. ließen sich am Scharmützelsee vor allem Berliner Finanzgrößen nieder, **Prominenz** aus Kunst, Schauspiel, später auch aus der Politik. Das Box-Idol *Max Schmeling* lebte 1930–38 in Bad Saarow, 1933 heiratete er in der Dorfkirche des Ortsteils Pieskow die Schauspielerin *Anny Ondra*. Zahlreiche Ufa-Filmstars, etwa Victor de Kowa und Gustav Fröhlich, besaßen in Saarow Häuser. Auf dem **Pieskower Friedhof** liegen die seinerzeit berühmten Schauspieler Käthe Dorsch und Harry Liedtke begraben. Der russische Dichter *Maxim Gorki*, dessen Theaterstück ›Nachtasyl‹ ab 1903 in Berlin gespielt wurde, kurte 1922/23 in Saarow. Nach dem Krieg wählten der Regisseur Slatan Dudow, die in der DDR beliebten Schauspieler Günter Simon, Harry Hindemith und Gerry Wolf sowie die Schriftsteller Michael Tschesno-Hell, Hedda Zinner und Fritz Erpenbeck den Ferienort als Wohnsitz. Der Dichter und erste DDR-Kulturminister Johannes R. Becher besaß am See (Friedrich-Engels-Damm 107) ein Wochenendhaus, sein »Traumgehäuse«, in dem er von 1948 bis zu seinem Tod 1958 viele Sommermonate verbrachte. Ein **Denkmal** für Becher, 1964 von Fritz Cremer geschaffen, steht in der Seestraße an der Schwanenwiese.

Auf einer künstlich aufgeschütteten Landzunge an der Westseite des Sees entstand der **Fontanepark**. Von dort fuhren im 19. Jh. ziegelsteinbeladene Lastkähne nach Berlin ab, heute befindet sich hier der neue **Sportboothafen** mit Anlegestegen für mehr als 100 Boote.

Ausflug

5 km nordwestlich von Saarow, in den **Rauenschen Bergen**, ließ die letzte Eiszeit die beiden größten *Findlinge* in der märkischen Landschaft zurück. Einer von ihnen hat einen Umfang von 22 m, er ragt 3,7 m aus der Erde, vom anderen gibt

Bad Saarow-Pieskow mausert sich zum Ferienzentrum – Jachthafen am Fontanepark

es nur einen Rest. Aus seinem 1827 abgesprengten Teil wurde eine große Granitschale für das Alte Museum in Berlin gefertigt. Man hatte sich aber gewaltig vermessen, die Schale war für das Museum zu groß geraten und musste deshalb im Berliner Lustgarten aufgestellt werden. Hier hat sie, von den Berlinern respektlos ›Suppenschüssel‹ genannt, noch immer ihren Platz.

Praktische Hinweise

Tel.-Vorwahl Bad Saarow-Pieskow: 03 36 31

Information: Tourist-Information, Ulmenstraße 15, Tel. 86 80, Fax 86 81 20

Hotels

***** **Hotel & Resort Das Brandenburg Sporting Club Berlin**, Parkallee 1, Tel. 60, Fax 6 20 00. Hier findet der Gast, was den Aufenthalt angenehm macht, außerdem einen 9-Loch-Golfplatz, Alwin Schockemühles Pferdesport-Zentrum und Tennisplätze.

*** **Hotel-Pension am Werl**, Silberberger Str. 51, Tel. 86 90, Fax 8 69 51. Neu erbautes Hotel mit gemütlichen Zimmern; Restaurant, Café.

*** **Landhaus Alte Eichen**, Alte Eichen 21, Tel. 41 15, Fax 20 58, Internet: www.landhaus-alte-eichen.de. Hotel direkt am See, regionale Küche aus frischen Landprodukten.

36 **Frankfurt (Oder)** *Plan Seite 90*

Das Osttor der Europäischen Gemeinschaft. Henry Maske und Axel Schulz machten die Grenzstadt bekannt.

Mit ihren drei Brücken über die Oder ist Frankfurt die wichtigste **Grenzstadt** im Osten Deutschlands. Die Stadtbrücke, die einst zum Stadtteil Dammvorstadt führte, stellt seit 1945 eine Verbindung zum Nachbarland Polen her, denn der ehem. Vorort Dammvorstadt wurde durch die in Potsdam getroffene Entscheidung der Alliierten zum polnischen Städtchen Slubice. Wegen des günstigen

Frequentiertes Tor zum Osten – deutsch-polnischer Grenzverkehr zwischen Frankfurt (Oder) und Slubice

Angebots hat sich der **Markt von Slubice** zum beliebten Einkaufsziel entwickelt. Man kauft dort gern und billig, muss allerdings beim Grenzübergang per Auto meist Geduld auf- und die Grüne Versicherungskarte mitbringen, einfacher geht es da schon zu Fuß. In jedem Fall ist ein gültiger Reisepass vonnöten.

Geschichte Am Kreuzungspunkt wichtiger Fernhandelsstraßen mit direkter Verbindung zur Ostsee entstand an einem Oderübergang um 1226 eine Siedlung, die 1253 Stadtrecht bekam. Große **Märkte** und **Messen** seit dem 14. Jh. wie auch die Mitgliedschaft in der Hanse 1430–1518 brachten Frankfurt enormen wirtschaftlichen Aufschwung. Ihm folgte der geistige – 1506 wurde die erste brandenburgische **Landesuniversität** gegründet, an der u. a. Ulrich von Hutten, die Brüder Humboldt und der 1777 in Frankfurt geborene Heinrich von Kleist studierten. 1811 wurde die ›Viadrina‹ nach Breslau verlegt. Ende des 19. Jh. entwickelte sich Frankfurt zur Beamten- und Garnisonsstadt. Auf die schweren Kriegszerstörungen folgte ein Wiederaufbau im sozialistischen Betonplattenstil. Vor allem auch im Hinblick auf die Vertiefung der deutsch-polnischen Zusammenarbeit erfolgte im Jahr 1991 die Wiedergründung der Europa-Universität Viadrina.

Besichtigung Die überdimensionale Karl-Marx-Straße ist ein Ergebnis des Wiederaufbaus nach dem Zweiten Weltkrieg. Ihr südliches Ende markiert der 25-stöckige **Oderturm** ❶ (1976), mit 86 m als höchste Bauwerk der Stadt und Garant für beste Aussicht. Ins Innere locken Geschäfte, Restaurants und Cafés. Am Marktplatz prunkt das gotische **Rathaus** ❷ mit sehenswerter filigraner Giebelzier an der Süd- und Nordfassade. Seine Schmuckgiebel erhielt der im 13. Jh. als zweigeschossige Kaufhalle mit Ratsstube und Gerichtslaube konzipierte Bau anlässlich einer Erweiterung Ende des 14. Jh. – eine augenfällige Demonstration des Reichtums dieses einst so wichtigen Fernhandelsplatzes. In der unteren Rat-

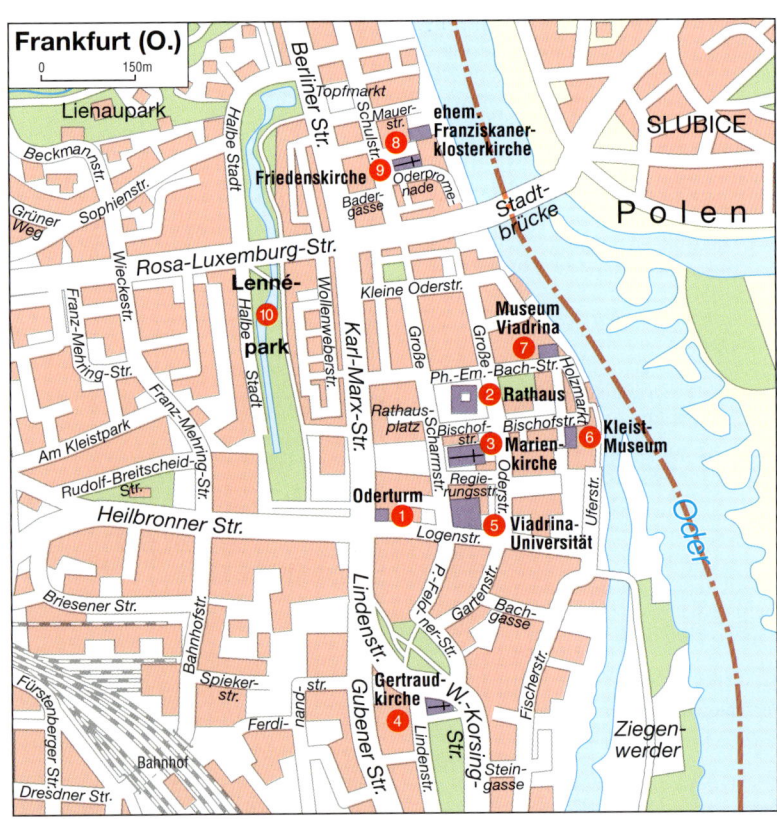

haushalle präsentiert das **Museum Junge Kunst** Gemälde, Grafiken und Plastiken ostdeutscher Künstler (Marktplatz 1, Di–So 11–17 Uhr).

Die gegenüberliegende **Marienkirche** ❸ (1253–1524) gehört mit ihrem breiten fünfschiffigen Langhaus und dem dreischiffigen Umgangschor zu den imposantesten Hallenkirchen der norddeutschen Backsteingotik. 1945 bis auf die Grundmauern ausgebrannt, wurde der Baukörper in den letzten Jahren saniert. Seitdem wird die Kirche für Theateraufführungen, Konzerte und Ausstellungen genutzt. Bedeutend ist das figurengeschmückte *Sandsteinportal* der Nordvorhalle, das in drei großen Medaillons mit deutschem Reichsadler, böhmischem Löwen und brandenburgischem Adler auf Kaiser Karl IV. verweist. Er war ab 1373 auch Markgraf von Brandenburg.

Im Sommer 2002 kehrten 111 Glasfenster der Marienkirche aus Russland zurück. Im Gegenzug wird die Bundesregierung die Renovierung einer von deutschen Truppen zerstörten Kirche in Nowgorod bezahlen. Die Kunstwerke aus dem 14. Jh. waren 1945 als Beutekunst verschleppt worden. Vermutlich 2004 werden sie wieder zu sehen sein.

Die aus der Marienkirche geretteten Kunstwerke sind nun in der südlich nahen (Gertraudplatz 6) neogotischen **Ger-**

Grenzland – Turmblick auf Frankfurt mit Ruine der Marienkirche (rechts) und gegenüberliegendem Rathaus, das an Nord- und Südseite **(unten)** *mit repräsentativen Schaugiebeln geschmückt ist. Jenseits der Oder liegt das polnische Slubice*

Gertraudkirche – ausladender Bronzeleuchter (1375) und großer Schnitzaltar (1489)

traudkirche **4** zu bewundern, darunter ein fast 5 m hoher *Bronzeleuchter* in Form eines Baumes und eine ebenso große *Bronzetaufe* (um 1375), beide reich reliefiert mit biblischen Szenen. Zu den größten Schnitzaltären Norddeutschlands gehört der ehem. *Hochaltar* (1489), dessen Kunst – Bilder wie Schnitzfigu-

Kennen Sie Carl Philipp Emanuel Bach (1714–1788), den ›Berliner Bach‹? – Frankfurts Konzerthalle informiert

ren – auf Nürnberger Meister weist. Im Schrein wird die Madonna von den Heiligen Adalbert und Hedwig flankiert, die Gemälde zeigen Kindheit und Passion Christi.

Auf dem Rückweg Richtung Marktplatz passiert man die wieder gegründete **Viadrina-Universität 5**, die mit ihren Studenten der Kunstgeschichte, Betriebswirtschaft und Jurisprudenz den Sitz der ehem. Bezirksregierung bezog, einen prächtigen neubarocken Bau mit Jugendstilelementen.

Vom *Einkaufsboulevard* der Großen Scharrnstraße rechts abzweigend, stößt man in Odernähe, Faberstr. 7, auf ein im spätbarocken Zopfstil errichtetes Gebäude mit Mansarddach (1777), die ehem. Garnisonsschule. Hier wurde Heinrich von Kleist (1777–1811), dem großen Sohn der Stadt – Autor von ›Der zerbrochene Krug‹, ›Prinz von Homburg‹ und ›Michael Kohlhaas‹ – das informative **Kleist-Museum 6** eingerichtet, das mit Erstausgaben, Requisiten und Bildern Leben, Werk und Wirkung des Dichters nachzeichnet (Di – So 11–17 Uhr).

Nahebei, in der Carl-Philipp-Emanuel-Bach-Straße, wartet das **Museum Viadrina 7** im barocken Junkerhaus mit einer Sammlung zur Vor-, Früh- und Stadtgeschichte auf, beim Besuch kann man auch schöne *Stuckdecken* des späten 17. Jh. sehen (bis zum Abschluss der Restaurierungsarbeiten sind die Ausstellungen Di – So 11 – 17 Uhr in der Marienkirche zu sehen).

Etwas weiter nördlich, jenseits der Oderbrücke, liegt die **ehem. Franziskanerklosterkirche 8** (13.–16. Jh.). Ihre Westfassade schmückt ein prachtvoll verspielter Maßwerkgiebel. Seit Umbau 1966–75 dient der schöne Raum mit zierlichem Netzgewölbe als Konzerthalle ›Carl Philipp Emanuel Bach‹. In unmittelbarer Nachbarschaft steht Frankfurts älteste Stadtpfarrkirche St. Nikolai (um 1300), die heutige **Friedenskirche 9**, deren neugotische Doppelturmfront Wahrzeichencharakter hat.

Westlich der Konzerthalle lädt der **Lennépark 10** zu Spaziergängen. Der berühmte Gartengestalter ließ ihn 1833 – 45 auf den ehem. Wallanlagen anlegen.

TOP TIPP Ein Naherholungsgebiet unserer Tage ist der **Helene-See** am südlichen Stadtrand. Er entstand aus einem ausgekohlten Braunkohletagebau. Das Bade-, Ruder-, Segel- und Surfparadies der Frankfurter mit einer Tiefe bis zu

Badespaß in klarem Wasser – der Helene-See entstand aus einem Tagebau-Restloch

76 m und schönem Sandstrand zeichnet sich durch sehr gute Wasserqualität aus.

Praktische Hinweise

Tel.-Vorwahl Frankfurt (Oder): 03 35

Information: Tourist-Information, Karl-Marx-Str. 9, Tel. 32 52 16, Fax 2 25 65

Hotel
** **City Park Hotel**, Lindenstr. 12, Tel. 5 53 20, Fax 5 53 26 05. Hotel garni mit liebenswertem Service.

Restaurant
Der Oderspeicher, Hanewald 9, Tel. 53 58 85. In dem Speicher aus dem Jahr 1860 entstand ein Brauhaus, in dem anerkannt gute Küche serviert wird.

 37 **Schlaubetal**

Das schönste Bachtal Brandenburgs.

Eine landschaftliche Perle ist das 20 km lange Schlaubetal, ein altes Rinnen- und Seensystem, das seiner Schönheit und der artenreichen Tier- und Pflanzenwelt wegen den Status eines **Naturparks** (227 km²) erhielt. Hier sind See- und Fischadler, Schwarzstorch und Eisvogel zu beobachten, auch konnten rund 700 Schmetterlingsarten registriert werden. Frauenschuh und Korallenwurz kommen brandenburgweit nur noch hier vor. Charakteristisch für das Bachtal sind bis zu 30 m tiefe Schluchten im oberen Abschnitt, saftige Wiesen, dichte Wälder

und eine Kette wunderschön gelegener, teils verlandender Seen – ein Dorado für naturverbundene Wanderer.

Als Eingangstor gilt das Städtchen **Müllrose** am 1668 eingeweihten Friedrich-Wilhelm-, dem heutigen Oder-Spree-Kanal, der zweitältesten künstlichen Wasserstraße Deutschlands. Den Marktplatz am Großen Müllroser See säumen *Bürgerhäuser* aus dem 18./19. Jh., die barocke *Pfarrkirche* bewahrt einen sehenswerten Kanzelaltar (1770) und Orgelprospekt. Ausstellungen über die 700-jährige Müllroser Stadtgeschichte und die durch Mühlenwirtschaft geprägte Region zeigt das *Heimatmuseum* (Kietz 5, Di–Do 9–12, 14–17, Mi nur bis 16, Fr, Sa 9–12, So 10–12, 14–16 Uhr).

Wanderer im Schlaubetal treffen zwangsläufig auf die Bremsdorfer Mühle

Badeparadiese sind der Große Müllroser See, der Schervenzsee im Südosten
und der Große Treppelsee. Ziele reiz-
voller **Wanderungen** sind alte Forsthäu-
ser und ehem. Mühlen, etwa nahe des
Treppelsees die idyllische *Bremsdorfer
Mühle* mit Gaststätte und klapperndem
Wasserrad.

Tel.-Vorwahl Müllrose: 03 36 06

Information: Schlaubetal-Information,
Kietz 5, Müllrose, Tel. 7 72 90,
Fax 77 29 25

Hotels
*** **Hotel Kaisermühle**, Forststr. 13,
Müllrose, Tel. 8 80, Fax 8 81 00. Ruhige
Lage am Wald, gute Küche.

* **Forsthaus Siehdichum**, Schernsdorf,
Tel. 03 36 55/2 10, Fax 5 96 49. Mitten
im Schlaubetal, regionale Speisen.

* **Waldseehotel am Wirchensee**,
Treppeln, Tel. 03 36 73/6 60, Fax 6 61 99.
Familiengeführtes Haus zwischen zwei
Seen im Naturpark.

Restaurant
Bremsdorfer Mühle, Bremsdorf,
Tel. 03 36 54/2 32. In der Gaststätte
kommen frische Forellen aus der Fisch-
zuchtanlage nebenan auf den Tisch.

*EKO Stahl Eisenhüttenstadt – Phalanx der
Schlote an der Oder. Dem Stahlwerk folgte
die sozialistische Musterstadt*

38 Eisenhüttenstadt

*Die ehem. Werkssiedlung ist heute ein
Denkmal für DDR-Architektur und
-Städtebau.*

Nach dem Willen der Planer sollte die als
**Wohnstadt des Eisenhüttenkombinats
Ost** (**EKO**) auf die grüne Wiese gebaute
Siedlung die ›erste sozialistische Stadt
auf deutschem Boden‹ sein. Auf dem
Reißbrett wurden großzügige Wohnkom-
plexe mit weiten Park- und Freiflächen
entworfen – Eisenhüttenstadt war zu
DDR-Zeiten eine **Musterstadt**. Im ein-
gemeindeten alten Fürstenberg an der
Oder hat die Stadt noch Flair.

Geschichte 1951 wurde am Oder-Spree-
Kanal mit dem Bau des Eisenhüttenkombinats Ost begonnen – bewusst am Ostrand der DDR, um die Rohstoffe günstig
auf dem Land- und Wasserweg heranzu-
bringen: Eisenerz aus der Sowjetunion,
Steinkohle aus Polen und den Zuschlag-
stoff Kalk aus dem brandenburgischen
Rüdersdorf. Für die Arbeitnehmer entstand auf märkischem Sand eine neue
Stadt, benannt nach dem sowjetischen
Diktator Stalin, dem Idol der kommunistischen Welt. Mit der Eingemeindung des
700-jährigen Städtchens Fürstenberg und
des Dorfes Schönfließ erfolgte 1961 die
Umbenennung von Stalinstadt in Eisenhüttenstadt. Nach der Einheit konnte der
Stahlstandort erhalten werden, allerdings eingeschränkt: Die Zahl der Arbeitnehmer sank von 12 000 auf heute 3200.

Besichtigung Vom **Rosenhügel** im Südwesten, einem Teil der bis zu 126 m
hohen Diehloer Berge, ist die Stadt mit
ihren breiten Straßen gut zu überblicken.
Die **Lindenallee** (damals Leninallee)
verbindet als ›Magistrale‹ Stahlwerk und
Stadt, sie beginnt am Werktor und endet
am Friedrich-Wolf-Theater. Die in den
50er- und 60er-Jahren des 20. Jh. errichteten ›Paläste der Arbeiterklasse‹ in den
denkmalgeschützten **Wohnkomplexen 1
bis 4** zwischen Beeskower-, Karl-Marx-,
Friedrich-Engels- und Diehloer Straße
wurden solide gebaut, mit abwechslungs-
reichen Fassaden – Erker, Säulen, Wandmalereien bestimmen das Bild – und
künstlerischen Werken in den Grünanlagen. Jeder Wohnkomplex besitzt ein eigenes Zentrum mit allen notwendigen so-
zialen und kulturellen Einrichtungen. Die
neue Wohnstadt, heute ein Denkmal für
die Entwicklung von Architektur und

Pomp total – die Klosterkirche Neuzelle entstand unter dem Einfluss böhmischer Baumeister. Barock im Überschwang, untypisch für das protestantische Brandenburg

Städtebau der ersten beiden DDR-Jahrzehnte, sollte gebauter Ausdruck sozialistischer Zukunftsvisionen sein. Im Baustil lehnen sich die Häuser, etwa das **Friedrich-Wolf-Theater** (1953–55), an den Neoklassizismus der 1930er-Jahre an. Sie erinnern noch nicht an den später üblichen Einheitsplattenbaustil. Der zog auch in Eisenhüttenstadt ein, als – wie überall im Land – im Wohnungsbau gespart werden musste.

Über die Geschichte der Stadt, den Oder-Spree-Kanal und die Oderschifffahrt informiert das **Städtische Museum** (Löwenstr. 4, Di–Do 10–17, Fr bis 16, Sa 14–17, So 9–12 Uhr). Während das **Feuerwehrmuseum** (Heinrich-Pritzsche-Str. 26, Di–Do 10–17, Fr 10–16, Sa 14–17, So 10–14 Uhr) viele Feuerwehrfahrzeuge aufzubieten hat, sammelt das **Dokumentationszentrum Alltagskultur der DDR** alles, was einmal zum Alltag der DDR-Bürger gehörte – von Eierbechern über Orden bis zu FDJ-Hemden. Fast 30 000 Gegenstände sind inzwischen zusammengekommen (Erich-Wei-

nert-Allee 3, Di–Fr 13–18, Sa, So 10–18 Uhr). Nach der Einheit hinzugekommen ist das **Inselbad** mit Wasserfall, Strömungskanal, beheizbarem Freibecken und Saunalandschaft.

Im alten Stadtteil Fürstenberg behielt der rechteckige **Marktplatz** das Aussehen einer Ackerbürgerstadt aus dem 19. Jh. Noch von schmalen, oft verwinkelten Gassen ist der **Fischerkiez** am Wasser geprägt. Die backsteinerne spätgotische **Nikolaikirche** (15. Jh.) bekam nach der Zerstörung im Zweiten Weltkrieg äußerlich ihre frühere Gestalt zurück, die Innenausstattung ist verbrannt.

Ausflug

In barocke Üppigkeit kann eintauchen, wer im nur 9 km südlich gelegenen **Neuzelle** die **Klosterkirche St. Marien** besucht. Das 1268 gestiftete Zisterzienserkloster gehörte vom 13. bis 17. Jh. zum Königreich Böhmen unter Karl IV. und überstand deshalb als einziges in Brandenburg die Reformation. Auch der frühbarocke Umbau nach dem Dreißigjährigen Krieg hing mit der böhmischen Gegenreformation zusammen. Dieser ersten Barockisierung folgte im 18. Jh. eine weitere. 1817 wurde Kloster Neuzelle aufgelöst. Farbenpracht und Formenreichtum imponieren im Inneren – Süddeutschland in Brandenburg! Die Deckengemälde, Stuckdekorationen, Holzschnitzereien und Altäre stammen von italienischen, böhmischen und schwäbischen Künstlern. Sehenswert sind auch die evangelische *Kreuzkirche* von 1730 mit ihrer freskierten Kuppel, ferner die ehem. Stiftsgebäude, das Barockportal und die alte *Klosterbrauerei*. Eines ihrer Getränke darf sie neuerdings nicht mehr Bier nennen, weil ihm ein wohl dosierter Schuss Zuckersirup zugesetzt wird, was gegen das deutsche Reinheitsgebot verstößt. ›Schwarzer Abt‹ heißt das Getränk nun – weder dem Absatz noch den Besucherzahlen der Brauerei hat dies bisher geschadet.

Praktische Hinweise

Tel.-Vorwahl Eisenhüttenstadt: 0 33 64

Information: Tourist-Information, Lindenallee 2a (im Linden-Zentrum), Tel. 41 36 90, Fax 41 36 87

Hotel
Hotel Fürstenberg, Gubener Str. 12, Tel. 7 54 40, Fax 75 01 32. Kleines Hotel mit familiärer Atmosphäre.

Die Hutmacherindustrie hat Tradition in Guben – das Technische Museum klärt auf

39 Guben

Geteilte Stadt an der Neiße.

Die Neiße wurde nach Kriegsende zum Grenzfluss, sie teilt seitdem die alte Industriestadt ins deutsche **Guben** auf dem westlichen und das polnische **Gubin** mit dem historischen Zentrum auf dem östlichen Ufer.

Zu DDR-Zeiten trug Guben den Beinamen **Wilhelm-Pieck-Stadt**, denn der Kommunistenführer und erste Präsident der DDR war 1876 in der Gubener Altstadt geboren. Ihre Entwicklung hat die Stadt aber einem Mann namens Carl Gottlob Wilke zu danken. Der behandelte im 19. Jh. Wolle mit Druck und trockenem Dampf und erzeugte so einen glänzenden, wasserfesten Filz. Das Material eignete sich ideal für Hüte – Guben wurde zum bedeutendsten Standort der deutschen **Wollhutindustrie**, die in den 30er-Jahren des 20. Jh. etwa 7000 Arbeitnehmer zählte. Die Erinnerung an die große Zeit der Gubener Hutproduktion hält das **Technische Museum der Hutindustrie** wach, das die Technologie der Hutherstellung, die Unternehmensgeschichte sowie die Kultur und Lebensweise der Huthersteller dokumentiert (Gasstr. 4–7, Di, Mi 9–17 Uhr).

Das **Städtische Museum** fand sein Domizil in der 1363 erstmals erwähnten *Sprucker Mühle*, deren heutige Gebäude 1732 bis 1841 entstanden (Mühlenstr. 5, Mi, Do 9–12, 14–17, Sa, So 14–17 Uhr).

Die wichtigen historischen Bauwerke der 1235 gegründeten Stadt, die mächtige Ruine der **Stadtkirche** (16. Jh.) sowie das heute als Kulturhaus genutzte **Rathaus** (1771), liegen auf dem polnischen Ufer. Dass Gubens Altstadt am Ende des Zweiten Weltkriegs starke Zerstörungen erlitt, wird hier überdeutlich. So kommen auch die meisten Touristen hauptsächlich wegen des günstigen Basars über die Neißebrücke nach Gubin (für den Grenzverkehr ist ein Reisepass erforderlich).

Praktische Hinweise

Tel.-Vorwahl Guben: 0 35 61

Information: Fremdenverkehrsverein Neißeland Guben, Frankfurter Str. 31, Tel. 38 67, Fax 39 10

Hotels
*** **Hotel Waldow**, Hinter der Bahn 20, Tel. 40 60, Fax 21 71. Am nördlichen Stadtrand, modern eingerichtete Zimmer, Hallenbad und Restaurant.

* **Hotel Panorama**, Friedrich-Schiller-Str. 12–14, Tel. 55 70, Fax 5 30 25. Etwas abseits in ruhiger Lage, Restaurant.

40 Beeskow

Alte Fachwerkhäuser und eine Burg als Kulturzentrum.

Die Lage an der sich hier stark windenden Spree macht den besonderen Reiz Beeskows aus. Auf der linken Flussseite liegt die historische Altstadt mit stillen Winkeln und einer malerischen Promenade, ihr gegenüber die Spreeinsel mit der Burg. Weitgehend erhalten ist zudem die **Stadtmauer** (14. Jh.) samt Wehrgang, ebenso sechs von einst neun Backsteintürmen: darunter herausragend der zinnenbekrönte runde **Luckauer Turm**, den man auch ›Dicker Turm‹ nennt. Anheimelnd wird das Stadtbild durch die vielen alten **Fachwerkhäuser**, das älteste, Anfang des 16. Jh. errichtet, steht in der Kirchgasse, Nr. 2. Die Ruine der im Zweiten Weltkrieg zerstörten gotischen **Marienkirche**, eine stattliche Halle des 15. Jh., soll in den nächsten Jahren wieder aufgebaut werden.

Beeskow war in der ersten Hälfte des 13. Jh. an einem Spreeübergang entstanden, Schutz bot damals eine vor 1250 erbaute **Burg**, die ihr heutiges Aussehen im Wesentlichen im 16. Jh. bekam. Das ›Alte Amt‹ wurde mittlerweile zum Kultur- und Bildungszentrum ausgebaut, das immer wieder **Kunst der DDR** in wechselnden Ausstellungen zeigt. Auch das Regionalmuseum ist hier untergebracht (Di–So 11–17 Uhr, Tel. 2 05 79, Fax 2 11 17).

Ausflug

Mit 11,7 km² zählt der **Schwielochsee** südlich von Beeskow zu den größten Gewässern Brandenburgs. Er ist nicht nur ein Paradies für Wassersportler und Angler, sondern, da von dichten Wäldern umgeben und buchtenreich, auch für Wanderer und ebenso für Camper. Erlebnisreich sind *Schiffsrundfahrten* auf dem See von Goyatz, Jessern und Zaue aus. Im ehem. Bahnhofsgebäude von Goyatz logiert heute das *Heimatmuseum Schwielochsee Süd* (Mi, Fr, Sa 15–17 Uhr).

Praktische Hinweise

Tel.-Vorwahl Beeskow: 0 33 66

Bootfahren, Schwimmen, Planschen, Surfen, Angeln – alles angesagt am Schwielochsee bei Beeskow

Information: Märkische Tourismus-Zentrale Beeskow, Berliner Str. 30, Tel. 2 29 49, Fax 25 36 54

Hotel

* **Zum Schwan**, Berliner Str. 31, Tel. 3 39 80, Fax 3 39 83 39. Ideale Lage im Stadtzentrum; der Wintergarten lädt zum Verweilen ein.

41 Storkow

Kleinstadt mit Flair, von Wasser umgeben.

Die verträumte Kleinstadt mit fast dörflichem Charakter gehört zu den ältesten in der Berliner Umgebung. Sie besitzt einen weitläufigen, von Fachwerkhäusern umstandenen **Marktplatz**, hinter dem die **Stadtkirche** (14. Jh.) mit Turm von 1896 aufragt. Von der neuen Brücke einige Schritte weiter kann man dem Schleusen der Boote zuschauen. Der Hauptteil der im 14. Jh. erstmals erwähnten **Burg** brannte 1978 vollständig nieder. In jüngster Zeit gibt es Bemühungen, sie wieder aufzubauen. Das backsteinerne *Brauhaus* daneben sowie ein Rest der *Burgmauer* blieben erhalten.

1995 begann in Storkow der Bau des vom Komitee Cap Anamur initiierten **Friedensdorfes** (nahe der Schiffsanlegestelle Karlslust), in dem deutsche und ausländische Bürger zusammenwohnen. Die Bundeswehr sowie deutsche und internationale Jugendgruppen haben beim Bau mitgeholfen.

Tel.-Vorwahl Storkow: 03 36 78

Information: Tourismusbüro, Schlossstr. 6, Tel. 7 31 08, Fax 7 32 29

Restaurants

Windspiel, Robert-Koch-Str. 1, Tel. 4 30. Klassisch-elegantes Gourmetrestaurant mit einer der besten Küchen Brandenburgs.

Köllnitzer Fischerstuben, Hauptstr. 19, Groß Schauen, Tel. 6 10 84. Leckere Fischgerichte, die meisten Fische kommen aus den benachbarten Teichen.

42 Königs Wusterhausen

Ort des berühmt-berüchtigten Tabakskollegiums und Wiege des deutschen Rundfunks.

›KW‹ wird das Städtchen, in dem die Berliner S-Bahn-Linie 46 endet, leger genannt. Für die meisten ist die Stadt am Nottekanal Ausgangspunkt für eine Wanderung in die schöne Umgebung.

In die jüngere Geschichte ist Königs Wusterhausen als **Wiege des deutschen Rundfunks** eingegangen. Das Stadtwappen zeigt auch drei rote Sendetürme auf einem Teil der Erdhalbkugel. Von Königs Wusterhausen wurde nämlich am 22. Dezember 1920 die erste Radiosendung Deutschlands ausgestrahlt: Live spielte ein Orchester in einem behelfsmäßig zum Studio hergerichteten Raum, Postbeamte sangen dazu. Später übertrugen von hier Radio DDR und der Berliner Rundfunk ihre Programme, der Sendebetrieb von Königs Wusterhausen wurde 1991 eingestellt. Über die Pionierjahre des Rundfunks, als es noch keine Konserven und kein Playback gab, informiert das **Sender- und Funktechnikmuseum** (Sendehaus 1, Funkerberg, Di, Do 9–15.30, Sa, So 13–17 Uhr).

Mitten im Stadtpark liegt das burgähnliche **Renaissanceschloss** mit einem altertümlichen Treppenturm zwischen zwei spitz aufgemauerten Giebeln. Nach sorgfältiger Restaurierung öffnete es im Herbst 2000 als Museum (April–Okt. Di–So 10–17 Uhr, Nov.–März bis 16 Uhr). Das Schloss war Domizil des Soldatenkönigs Friedrich Wilhelm I., der sich in dem klobigen Bau jeden Herbst mit seiner Familie für einige Wochen aufhielt. Die Ausstellung dokumentiert höfisches Leben zur Regierungszeit von Friedrich Wilhelm I. in der ersten Hälfte des 18. Jh., zu sehen sind u. a. robustes Tafelgeschirr, Waffen und einige der lehnenlosen Stühle, die nach Entwürfen des Königs gefertigt wurden, sowie 41 naive Gemälde, die der sonst wenig musische Herrscher »unter Schmerzen« gemalt hat. Nachgestaltet wurde der Raum des berühmten Tabakskollegiums – eine Runde ranghoher Persönlichkeiten, die qualmend und Bier trinkend über Gott und die Welt diskutierten.

Hinter dem Bahnhof beginnt der Weg zur 4 km entfernten, besonders idyllisch gelegenen **Schleusenanlage Neue Mühle**, die hier die Dahme reguliert. Von der Hubbrücke lässt sich das Schleusen der Sportboote und Ausflugsschiffe gut beobachten, die Anlage stammt in ihrer heutigen Form aus der Zeit um 1890.

Als der Rundfunk noch in den Windeln lag – Rundfunkmuseum Königs Wusterhausen

Tel.-Vorwahl Königs Wusterhausen: 0 33 75

Information: Tourist-Information Am Bahnhof, Tel. 2 52 00, Fax 25 20 11

Hotels

** **Hotel Sophienhof**, Kirchplatz 3–4, Tel. 29 05 00, Fax 29 06 99. Modernes Haus in ruhiger Zentrumslage. Im Restaurant ›Hoenckes Altes Wirtshaus‹ gibt es märkische und Spreewälder Spezialitäten.

*** **Seehotel Zeuthen**, Fontaneallee 27/28, Zeuthen, Tel. 03 37 62/8 90, Fax 8 94 08. Country Line Hotel am Zeuthener See mit eigenem Jachthafen, Restaurant mit internationaler Küche.

Beweinungsszene – Detail des Flügelaltars in der Moritzkirche von Mittenwalde

43 Mittenwalde

Anheimelndes Städtchen vor den Toren Berlins.

In den stillen Straßen und kopfsteingepflasterten Gässchen Mittenwaldes scheint die Zeit stehen geblieben zu sein. Im Stadtkern gibt es noch eine stattliche Reihe ein- und zweigeschossiger Häuser des 18. und 19. Jh. mit ansehnlichen Fassaden, vor allem in der Katharinen-, Paul-Gerhardt- und Schützenstraße. Von der mittelalterlichen Befestigung sind wenige Stadtmauerreste erhalten, umso auffälliger ist das **Berliner Tor** mit Blendgiebel und Rundtürmchen sowie beigestelltem runden Feldsteinturm.

Alles überragt der mächtig aufstrebende und reich gegliederte Turm der Pfarrkirche **St. Moritz**, er wurde 1877/78 der schlichten mittelalterlichen Kirche angesetzt. Im Inneren fasziniert ein prächtiger *Flügelaltar* (1514), der bei geöffnetem Schrein eine geschnitzte Beweinungsszene zeigt und im Gesprenge eigenartig gelängte Figuren aufweist. Interessant ist auch das aus der Renaissancezeit stammende *Chorgestühl* mit Hausmarken und Wappen der einstigen Kirchgänger. An der Moritzkirche wirkte *Paul Gerhardt* (1607–1676) sechs Jahre lang als Probst, er ist der bekannteste evangelische Kirchenlieddichter (›Befiehl Du Deine Wege‹, ›O Haupt voll Blut und Wunden‹).

Ausflüge

Ungestörten Badespaß kann man im südlich gelegenen **Motzen** genießen, denn auf dem See sind nur Muskel- und Windantrieb erlaubt. Badestellen bestehen am nördlichen Ortseingang sowie auf der gegenüberliegenden Seite in Kallinchen. Der 27-Loch-Golfplatz, wunderschön in die Landschaft eingefügt, war schon Treff der Weltelite zu Deutschlands exklusivstem Golfturnier ›German Masters‹. Fast noch schöner liegt der buchtenreiche **Teupitzer See**, 10 km weiter südlich. Schiffsfahrten beginnen im Ort Teupitz hinter dem Marktplatz.

Praktische Hinweise

Hotels

**** **Hotel Residenz am Motzener See**, Töpchiner Str. 4, Motzen, Tel. 03 37 69/8 50, Fax 8 51 00, Internet: www.hotel-residenz-motzen.de. Für anspruchsvolle Gäste, mit Schwimmhalle und eigenem Seezugang; im Restaurant gehobene internationale und regionale Küche.

*** **Schlosshotel Teupitz**, Kirchstr. 8, Teupitz, Tel. 03 37 66/6 00, Fax 6 04 55. Hotel mit gutem Restaurant.

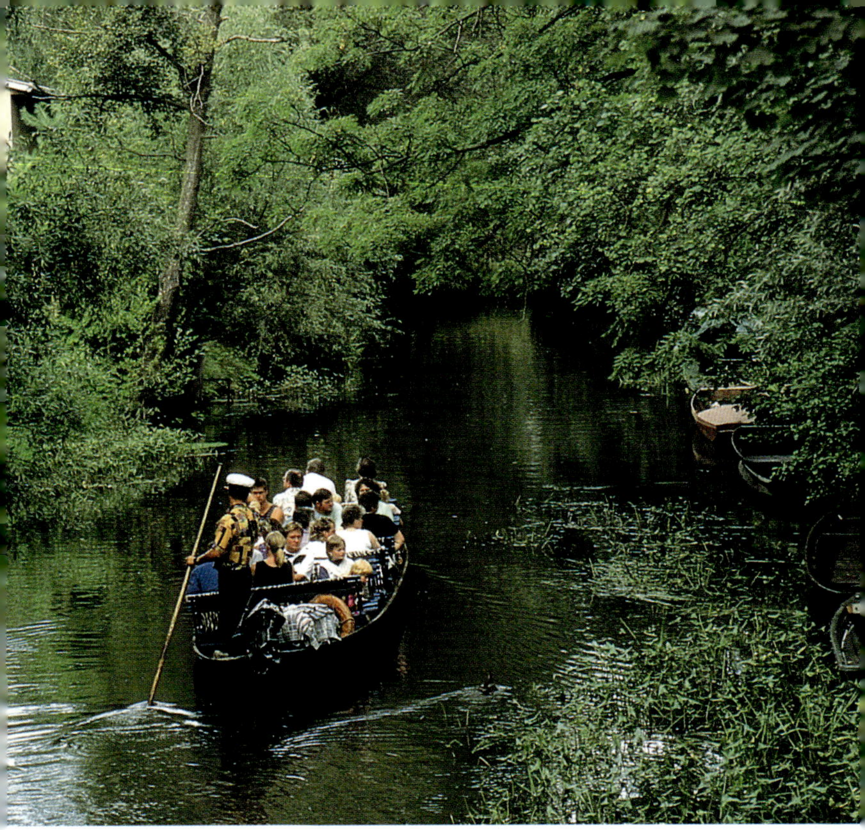

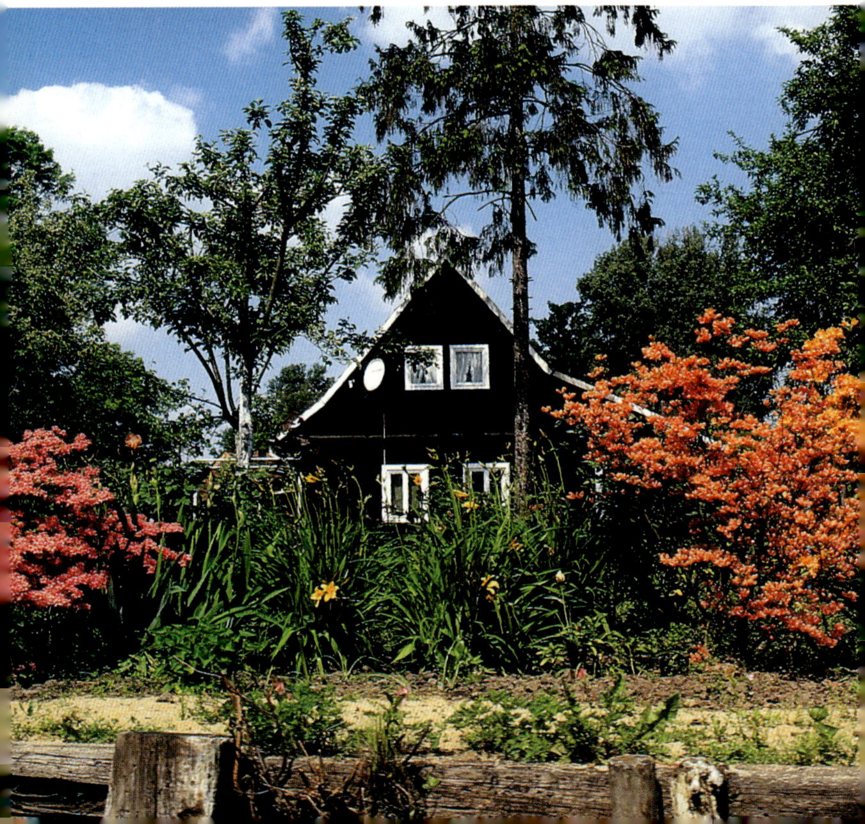

Spreewald und Niederlausitz – faszinierendes Fließgewässernetz

Die Spree verästelt sich auf ihrem Weg nach Berlin und schuf so eine heute idyllisch anmutende Perle in der Landschaft – den **Spreewald**. Slawen waren die ersten Siedler, die sich im 6. Jh. auf die von den zahllosen Nebenarmen der Spree und ihren beiden Zuflüssen Malxe und Berste gebildeten Inseln zurückzogen, sie kultivierten das unwegsame Land, bauten Blockhäuser, Boote und Brücken, vernetzten die Gewässerarme mit Kanälen, da jeglicher Transport nur über Wasserstraßen möglich war.

75 km lang und bis zu 16 km breit ist die typische Spreewaldlandschaft heute, teils urwaldartig, teils gezähmter Feld-Wald-Bestand. Der Unterspreewald um **Schlepzig** ist der ruhigere Teil, die Stadt **Lübben** bildet die Grenze zum bekannteren, größeren und fließenreicheren Oberspreewald mit den von Touristen besonders frequentierten Orten **Lübbenau** und **Burg**.

300 Kanäle, fast 1000 km lang! Zum Erlebnis wird da eine Erkundung des Spreewalds vom Wasser aus – entweder auf einem der großen Holzkähne mit Fährmann/-frau, 600 warten auf Passagiere, oder selbstständig im gemieteten Paddelboot. Doch auch Wanderer zu Fuß oder per Rad kommen auf ihre Kosten. Fisch und hier gezogenes Gemüse bilden die anderen, die kulinarischen Genüsse.

Um diese einzigartige Kulturlandschaft weiterhin als Lebensraum zahlreicher Tier- und Pflanzenarten zu erhalten, wurde ein Großteil des Niederungsgebiets – genau 484 km^2 – unter den Schutz der UNESCO gestellt und zum **Biosphärenreservat** erklärt. Die von engen, hier Fließe genannten Wasserwegen durchzogenen Wiesen und Äcker bieten Kranich, Fischotter und Weißstorch ideale Lebensräume.

Die **Niederlausitz** prägen Kiefernforste und auch zahlreiche **Badegewässer**. Mehr als die Hälfte davon sind künstlichen Ursprungs, hervorgegangen aus rekultivierten Braunkohlegruben. An den zweisprachigen Straßenschildern ist erkennbar: Spreewald und Niederlausitz sind die Heimat der **Sorben**. Ihre Lieder, Trachten und Bräuche prägen das Lokalkolorit.

44 Schlepzig

Das Zentrum des Unterspreewaldes.

Zloupiste hieß das von der Hauptspree und einigen Fließen durchzogene Dorf einst, das war die sorbische Bezeichnung für Pfahl. Denn die ersten Häuser entstanden in der sumpfigen Gegend auf Pfählen.

◁ *Spreewald-Impressionen: Einer stakt immer – der Kahnführmann kennt den Weg durchs Labyrinth der Fließe* (**oben**).
In Harmonie mit der Natur – hinter blühendem Wall kauert ein Spreewaldhaus, der Idylle ordnen sich selbst moderne Technik-Accessoires unter (**unten**)

Vom kleinen **Fährhafen** in Dorfmitte starten die kiellosen flachen Kähne zu Fahrten in den vor allem durch Mischwaldbestand geprägten Unterspreewald. Mit dem Rudel, wie die bis zu 4 m langen Stangen heißen, werden sie gestakt (fortbewegt). Das **Agrarhistorische Museum** wurde in einem Fachwerkhaus von 1818 eingerichtet. Preußenkönig Friedrich Wilhelm III. hatte das Anwesen einst einem Herrn Richter für dessen Verdienste in der Armee übergeben. Hier sind landwirtschaftliche und häusliche Gerätschaften der Spreewaldbewohner zu sehen, die Bauernwohnung ist originalgetreu eingerichtet. Wenn der alte Lehmofen beim Schaubacken angeheizt wird, dann zieht der köstliche Duft von Blechkuchen und nach Großmutters Rezepten gebackenem Brot über den Museumshof (Dorfstr. 26, April–Mitte Okt. Di–So 10–16 Uhr). Die **Dorfkirche** (1782) fasziniert durch ihr Fachwerk und die Innenausstattung im bäuerlichen Barock. An der Landstraße nach Krausnick beginnt der 5,4 km lange **Naturlehrpfad Buchenhain** mit bildhaften Informationen auf 21 Tafeln.

Bis zum nördlichsten Dorf des Unterspreewaldes, **Leibsch**, sind es nur 5 km. Von der Hauptstraße zweigt dort ein asphaltierter Weg zur größten *Schleusen- und Wehranlage* des gesamten Spreewaldes ab. Als technische Denkmale blieben in der Nachbarschaft historische Wehranlagen, ein *Nadelwehr* und eine alte *Bootsschleppe* (1909–11), stehen.

Praktische Hinweise

Tel.-Vorwahl Schlepzig: 03 54 72

Information: Tourist-Information Unterspreewald, Dorfstr. 26, Tel. 6 40 25, Fax 6 40 24

Hotels
** **Hotel Müggenburg**, Grüne Wiese 11, Tel. 66 00, Fax 66 03 05. In idyllischer Lage mit eigener Kahnabfahrtstelle.

** **Landgasthof Zum grünen Strand der Spree**, Dorfstr. 53, Tel. 66 20, Fax 4 73. Rustikal eingerichtete Zimmer und ein Restaurant im landestypischen Stil sowie eine eigene Brauerei samt Gaststätte.

45 Lübben

Kahnfahrten in alle Himmelsrichtungen, Tor zum Unter- und Oberspreewald.

Lübben, sorbisch Lubin, ist nicht nur Ausgangspunkt für Spreewaldfahrten aller Art, sondern auch, obzwar schwer kriegszerstört, ein historisch interessantes Städtchen. Dort, wo die bedeutende Fernstraße von Leipzig in Richtung Osten die Spreewaldniederung an ihrer engsten Stelle überquerte, entstand um 1150 eine Burg und nach 1200 eine Siedlung, die im 15. Jh. ummauert wurde. Damals begann der Aufstieg von Lubin: zunächst Tagungsort der Niederlausitzer Landstände (bis 1722), dann zeitweise Nebenresidenz der sächsischen Kurfürsten und gelegentlich Verwaltungsmittelpunkt der Niederlausitz. Mit dem Übergang an Preußen 1815 verlor die Stadt an Bedeutung.

Spreenah blieben Teile der **Stadtmauer** mit einem runden Eckturm erhalten. Zeuge der glanzvollen Vergangenheit ist das **Schloss**, in dem das neue Stadt- und Regionalmuseum seine Ausstellung mit multimedialen Inszenierun-

Im Wehrturm von Lübben huldigten bis 1722 die Stände der Niederlausitz ihrem Landesherren

gen präsentiert (Mai–Sept. Di–So 10–18 Uhr, Okt.–April Mi–Fr 10–16, Sa/So 13–17 Uhr). Neben dem Schloss steht das **Oberamtshaus** (1682) mit schönem Giebel und Portal, gekrönt vom Niederlausitzer Wappen. Als Teil der alten Burg gilt der mächtige **Wohn- und Wehrturm** (14. Jh.) davor. Sein Wappensaal prunkt mit einem monumentalen Historiengemälde ›Huldigung der Stadt Lübben an Brandenburgs Kurfürsten Friedrich II. im Jahr 1448‹ (1917), er wird kulturell genutzt.

Die spätgotische **Kirche** am Marktplatz – sie birgt mit *Altarretabel, Taufstein* und *Kanzel* prachtvolle Spätrenaissancearbeiten – wurde nach Paul Gerhardt benannt, hier war seine letzte Wirkungsstätte. 1907 in Bronze gegossen, steht er, der berühmteste protestantische Kirchenliederdichter nach Luther, vor der Kirche.

Praktische Hinweise

Tel.-Vorwahl Lübben: 0 35 46

Information: Spreewald-Information, Ernst-von-Houwald-Damm 15, Tel. 30 90, Fax 25 43

Hotels
*** **Spreewaldhotel Stephanshof**, Lehnigksberger Weg 1, Tel. 2 72 10, Fax 27 21 60. Direkt am Wasser mit hauseigener Kahnanlegestelle, Fahrrad- und Paddelbootverleih.

** **Hotel Spreeufer**, Hinter der Mauer 4, Tel. 27 26 00, Fax 27 26 34. Hotel garni im Zentrum an der Spree.

Restaurants
Schlossrestaurant, Ernst-von-Houwald-Damm 14, Tel. 40 78. Regionale und internationale Küche, gutes Weinangebot.

46 Lübbenau

Beliebtes Touristenziel mit dem meistfrequentierten Kahnhafen des Spreewaldes.

Lübbenau, sorbisch Lubnjow, gilt als heimliche Hauptstadt des Spreewaldes. Von hier aus gehen die meisten der traditionellen Holzkähne auf die Reise über die weit verzweigten Fließe, die schönste führt in den Hochwald – doch dafür muss viel Zeit mitgebracht werden, rund acht Stunden sind zu veranschlagen.

Als ein findiger Lübbenauer 1882 Fahrten für Berliner hierher organisierte, war

Sorben oder Wenden?

Sorbe ist der wissenschaftlich exakte und auch vom offiziellen Verband, der **Domowina**, *propagierte Begriff. Als Wenden betitelten die Deutschen einst alle slawischen Stämme zwischen Elbe und Oder und hatten dabei nicht immer nur Gutes im Sinn. Vermutlich geht diese Bezeichnung auf die römischen Chronisten Plinius und Tacitus zurück, die von Vendi und Veneti schrieben. Wie auch immer: Sorbisch wie wendisch meint ein und dasselbe, die etwa 20 000 in der* **Niederlausitz** *lebenden Sorben nennen sich meist selbst Wenden.*

Die Lausitzer Sorben überstanden die deutsche Ostbewegung zwischen dem 10. und 12. Jh. und konnten in der bäuerlichen Familie und der Dorfgemeinschaft **Sprache** *und* **Kultur** *über die Jahrhunderte hinweg bewahren und weitergeben. So haben sich erstaunlich viele Bräuche und Feste erhalten, beispielsweise Zapust – eine Art Faschingstreiben – oder Stollenreiten über abgeerntete Felder. Die typischen* **Trachten** *– bunt, mit viel Spitze, mit Kopftüchern oder großen Hauben – tragen wie immer nur ältere Frauen, jüngere nur für touristische Zwecke. Ebenso beherrschen nur noch Ältere das dem Polnischen und Tschechischen nahe stehende* **Sorbische**, *das zur Familie der westslawischen Sprachen gehört. In Sorbisch erscheinen eine Wochenzeitung und Bücher, der ORB, Landesstudio Cottbus, strahlt Sendungen in Niedersorbisch aus und einmal im Monat gibt es auch eine halbe Stunde Fernsehen in niedersorbischer Sprache. In der zu Sachsen gehörenden* **Oberlausitz** *leben heute etwa 40 000 Sorben.*

das die Initialzündung für den alsbald florierenden **Fremdenverkehr**. Kein Wunder, dass sich dann 1908 hier der erste Kahnfährmannsverein gründete. Von besonderer Bedeutung für das Städtchen, das Sitz der Standesherrschaft der Grafen zu Lynar war und 1635–1815 zu Kursachsen gehörte, war der Bau des **Braunkohlegroßkraftwerks** 1957–64. Er brachte im Süden ein großes Wohngebiet im DDR-üblichen Einheitsstil, die Einwohnerzahl erhöhte sich bis 1977 auf 23 000.

Freundliche Bürgerhäuser rahmen den **Marktplatz** mit einer Postmeilensäule von 1740, die Ziele in Sachsen anzeigt. Vom Dresdner Festungsbaumeister wurde 1741 die Stadtkirche **St. Nikolai** errichtet, ein Emporensaal mit Herrschaftslogen und beachtenswertem spätbarockem Lynar-Wandgrab. Das Torhaus am Topfmarkt nahm jüngst die so interessanten wie breit gefächerten Sammlungen des **Spreewaldmuseums** zur Stadt-, Verkehrs- und Regionalgeschichte auf (Topfmarkt 12, April–15. Sept. Di–So 10–18 Uhr, 16. Sept.–Okt. 10–17 Uhr). Im **Haus für Mensch und Natur** stellt die Verwaltung des Biosphärenreservats Spreewald Interessantes über die europaweit einzigartige Fließgewässerlandschaft aus (Schulstr. 9, April–Okt. tgl. 10–17, Nov.–März Mo–Fr 10–16 Uhr).

Das neue **Kur- und Freizeitbad Kristall** bietet mit Wellenbad und Wildwasserstrudelkanal sowie zwei je 118 m langen Rutschen Spaß und Entspannung.

Herrschaftlich wohnen kann man im alten **Lynarschloss**, das sich heute als klassizistischer, stumpf gewinkelter Zweiflügelbau mit Türmen zeigt. Am Umbau 1839 war Schinkel beteiligt. Im umliegenden Landschaftspark stehen die barocke *ehem. Kanzlei* der Grafen Lynar und die klassizistische *Orangerie*.

Ganz in der Nähe befindet sich der größte **Fährhafen** des Spreewaldes, in dem stets Kähne für die verschiedensten Routen zur Abfahrt bereitliegen.

◁ *Spreewald-Kaleidoskop: Kähne bestimmen den Alltag im Spreewald – der einheimischen Bauern* (**oben rechts**) *wie auch der Touristen, die in Lübbenau* (**Mitte**) *ihre Exkursion zu sauren Gurken* (**oben links**) *und ins Freilandmuseum Lehde* (**unten links**) *beginnen. Dort kann man die Kultur der Gegend kennen lernen: Hofanlagen, Trachten und bemalte sorbische Ostereier betrachten* (**unten rechts**)

Ausflug

Ein Besuch des **Freilandmuseums Lehde** mit vielen hölzernen Brücken (›Bänke‹ genannt) zwischen reetgedeckten *Bauernhäusern* in Blockbauweise gehört zum Muss eines Spreewaldaufenthaltes. Man erreicht das Ziel zu Fuß (30 Min.) oder mit dem Kahn – Parkmöglichkeiten existieren dort keine, also Pkws unbedingt in Lübbenau abstellen! Fontane nannte Lehde schwärmerisch »die Lagunenstadt in Taschenformat«. Die gut erhaltenen, denkmalgeschützten Häuser – die ältesten rund 200 Jahre alt – wurden um drei typische, komplett eingerichtete Hofanlagen zum Freilandmuseum ergänzt, dem auch die älteste *Kahnbauerei* des Dorfes (1884) angehört. Leben und Arbeit der Spreewälder des vorigen Jahrhunderts werden hier sehr anschaulich. Stets viel bestaunt: das für sechs Personen, d. h. drei Generationen taugliche *Familienbett* im Wohnstallhaus. Sehenswert sind auch die Ausstellungen zur Böttcherei, zum Blaudruck, über die filigran bemalten sorbischen Ostereier sowie die große Trachtenschau (April–Mitte Sept. tgl. 10–18, Mitte Sept.–Okt. tgl. 10–17 Uhr).

Praktische Hinweise

Tel.-Vorwahl Lübbenau: 0 35 42

Information: Spreewaldfremdenverkehrsverein Lübbenau, Ehm-Welk-Str. 15, Tel. 36 68, Fax 4 67 70

Hotels

**** **Hotel Schloss Lübbenau**, Tel. 87 30, Fax 87 36 66. Im Schlosspark nahe dem größten Kahnfährhafen.

*** **Spreewaldeck**, Dammstr. 31, Tel. 8 90 10, Fax 89 01 11. Familienfreundliches Hotel, das ein junges Geschwisterpaar erfolgreich leitet.

** **Pension Quappenschänke**, An der Dolzke 4, Lehde, Tel. 89 99 60, Fax 89 99 10. Freundliche Gästezimmer im romantischsten Spreewalddorf.

Restaurants

Café zum Nussbaum, Dammstr. 76, Tel. 36 73. Im Wintergarten sitzt man besonders angenehm.

Café Venedig, An der Lischka 1, Lehde, Tel. 23 63. Seit Jahrzehnten beliebtes Ausflugslokal mit großem Kaffee- und Biergarten.

Im Paddelboot nach Lehde

Die beliebteste Kahntour führt von Lübbenau in das romantische Dorf Lehde, knapp 2 Stunden dauern Hin- und Rückfahrt. Besonders erlebnisreich jedoch ist die Fahrt mit dem gemieteten Paddelboot.

Nach dem Hafengebiet fährt man in die Hauptspree ein, von der es auf der **Lehdschen Grobla** *(Graben) durch den Lübbenauer Ortsteil Kaupen geht. Mit jedem Paddelschlag in Richtung Lehde wird es ruhiger, man passiert üppige Blumengärten vor heimeligen Holzhäusern und Briefkästen, die unmittelbar am Ufer angebracht sind – denn in dieser Gegend kommt der Briefträger nach wie vor per Kahn.*

Als Geheimtipp in der Idylle gilt das **Gasthaus Kaupen Nr. 6**, *das in einem alten Bauernhaus seine Gäste empfängt und nur mit dem Kahn zu erreichen ist. Hier kann man regionale Gerichte kosten, etwa* **Quark mit Leinöl** *oder* **Hefeplinsen**.

*Niemand muss befürchten, sich im Spreewald zu verfahren. Fließe und Orte sind – wie auf dem Festland – **gut beschildert**, an den kleinen Schleusen finden sich stets Bedienungsanleitungen. In Lehde werden an mehreren Verkaufsständen die spreewaldtypischen Produkte* **Meerrettich** *und* **Gewürzgurken** *angeboten. Anlegestellen sind reichlich vorhanden, vor den zahlreichen Gaststätten sind sie selbstverständlich. Über den* **Hechtgraben** *und die Hauptspree geht es schließlich zurück nach Lübbenau.*

47 Burg (Spreewald) und Umgebung

Das östliche Tor zum Spreewald.

194 befahrbare Fließe schlängeln sich durch Burg, wo man noch viele typische Spreewaldhöfe findet. Mit den drei Ortsteilen Dorf, Kauper, Kolonie und deren verstreut liegenden Gehöften ist es die flächenmäßig (52 km²) **größte Gemeinde** im Osten Deutschlands. Rund 300 Brücken überspannen die Spree und die vielen Fließe in diesem Gebiet. Von zwei **Kahnfährhäfen** aus – einer in Burg-Dorf, der andere, weniger frequentierte in Burg-Kauper – starten Bootstouren, die zwischen einer und acht Stunden dauern.

Im alten **Spreewaldbahnhof**, in den 1970 letztmalig die alte Schmalspurbahn ›Spreewaldguste‹ dampfte, etablierte sich eine Gaststätte. Hier kommt das Bier per Mini-Bahn zum Gast. Dazu sind auf einem Gleis mehrere restaurierte 100 Jahre alte Waggons zu besichtigen, einer überrascht mit einem Schulklassenzimmer der 30er-Jahre des 20. Jh.

An der Straße nach Straupitz, nördlich von Burg-Dorf, kann man sich im **Arznei- und Gewürzpflanzengarten** über spreewaldtypische Pflanzen informieren und ein ›Insekten-Hotel‹ beobachten (Mai–Okt. Mo–Fr 9–15, Sa, So bis 18 Uhr) oder auf dem Schlossberg nahebei den quadratischen **Bismarckturm** (1917) besteigen, ein architektonisch interessantes Werk von Bruno Möhring, das monumental landschaftsbestimmend wirkt (April–Okt. tgl. 10–18 Uhr). Er bietet fantastische Spreewald-Aussicht.

Richtung Norden sind die markanten Türme der Kirche von **Straupitz** (10 km) zu erkennen. Diesen kastellartigen Bau mit den hoch aufragenden quadratischen *Zwillingstürmen* hat Karl Friedrich Schinkel 1832 im sog. Rundbogenstil errichtet. Das Gotteshaus setzt einen fulminanten Akzent in dieser ländlichen Umgebung. Straupitz verfügt ferner über die *Holländermühle*, eine Besonderheit, denn sie vereint Korn-, Öl- und Sägemühle unter einem Dach. Dienstags ab 9 Uhr wird hier immer ein Schaupressen des delikaten, original spreewälder Leinöls veranstaltet (Laasower Straße, April–Okt. Di–Fr 9–18, Sa, So 10–17, Nov.–März Mo–Fr 10–16, Di 9–17 Uhr).

In **Vetschau** (8 km von Burg in südlicher Richtung) leben seit Jahrhunderten Sorben und Deutsche einträchtig miteinander. Das belegen die zwei Gotteshäuser am Kirchplatz, die ältere *wendische Landkirche* und die 1690–94 angebaute *deutsche Stadtkirche* mit ihrer prächtigen farbigen Barockausstattung.

Wissenswertes über Adebar und aktuelle Naturschutzthemen vermittelt im Ort das *Weißstorch-Informationszentrum* (Drebkauer Str. 2a, April–Okt. Di–Fr 10–12, 13–16, Sa, So 10–16 Uhr). Auf einem nahen Storchenhorst wurde eine Kamera installiert, die bewegte Bilder ins Storchenzentrum und ins Internet liefert. Die Seite wird jährlich fast 20 Millionen Mal aufgerufen (www.storchennest.de)

Praktische Hinweise

Tel.-Vorwahl Burg-Dorf: 03 56 03

Information: Tourist-Information im ›Haus des Gastes‹, Am Hafen 6, Tel. 4 17, Fax 4 98

Hotels

TOP TIPP **** **Romantik-Hotel Zur Bleiche**, Bleichestr. 16, Burg-Kolonie, Tel. 6 20, Fax 6 02 92. Ein Haus in ruhiger Lage mit Wellness-Anlage, das auch anspruchsvolle Gäste zufrieden stellt.

** **Hotel-Restaurant Zum Leineweber**, Am Waldrand, Burg-Dorf,

Bismarckturm in Burg – interessante Architektur von Bruno Möhring, 1917

Paukenschlag im Spreewalddorf Straupitz – die doppeltürmige Schinkelkirche von 1832

Tel. 6 40, Fax 6 11 29. Funktionell eingerichtete Zimmer, vielseitige Küche.

Restaurant

TOP TIPP * **Alter Spreewaldbahnhof**, Am Bahnhof 1, Burg-Dorf, Tel. 8 42, Fax 6 17 66. Rustikales Restaurant mit Spreewald-Spezialitäten.

48 Peitz

Alte Festungsstadt mit berühmten Karpfenteichen.

Festung, Hüttenwesen, Teichwirtschaft – dies sind die Stichworte zur Geschichte von Peitz, der beschaulichen Kleinstadt am Ostrand des Spreewaldes. **Bürgerhäuser** prägen den Stadtkern mit ansehnlichem Rathaus (1804) und Backsteinkirche im Rundbogenstil des 19. Jh.

Von der Festung, die Graf Rochus zu Lynar im 16. Jh. errichten ließ, blieb allein der mächtige **Turm**. Er bietet heute eine Ausstellung zur Stadtgeschichte nebst herrlicher Aussicht (April–Okt. Sa/So 13–18 Uhr).

Schaugießen und alte Technik kann man im **Hüttenmuseum** südöstlich der Stadt erleben (Hüttenwerk 1, Mo–Fr 10–16 Uhr, Sa/So 13–18 Uhr), es steht an der Stelle des einstigen Eisenhüttenwerks, in dem im Jahr 1660 der erste Hochofen Brandenburgs in Betrieb ging. Markgraf Johann V. hatte um 1535 ein Hütten- und Hammerwerk errichten lassen, um seine Armee und die Festungen Küstrin und Peitz ausreichend mit Munition versorgen zu können. Der dazu benötigte Rohstoff, Raseneisenerz, wurde im Tagebau gewonnen. Für den notwendigen Wasserantrieb entstand der 22 km lange **Hammergraben** von der Spree zur Malxe, eine großartige Leistung früher Ingenieurkunst. Er speist heute das große **Peitzer Teichgebiet**, aus dem die Fischer jährlich mehr als 500 t Karpfen holen.

Ausflug

Der **Tagebau Jänschwalde** wurde in den 1970er-Jahren südöstlich von Peitz aufgeschlossen, von den Aussichtspunkten *Grötsch* an der westlichen und *Briesnig* an der östlichen Seite, beide über öffentliche Zufahren zu erreichen, sind Blicke in den riesigen Tagebau möglich: Monströse Schaufelradbagger fressen sich durchs Land; kegelige Abraumberge, tief gestaffelt, gleichen einer Mondlandschaft. Die Standorte der Aussichtsplateaus werden dem Verlauf des Tagebaus angepasst, die Ausschilderung entsprechend verändert. Das **Braunkohlekraftwerk Jänschwalde** ist mit einer Leistung von 3000 Megawatt der größte Stromerzeuger im Osten Deutschlands.

Tel.-Vorwahl Peitz: 03 56 01

Information: Tourismus-Information Peitzer Land, Markt 1, Tel. 81 50, Fax 8 15 15

Restaurant
Karpfen-Klause, Hüttenwerk 1, Tel. 2 23 53. Direkt an den Karpfenteichen: frischer kann Karpfen nicht serviert werden.

49 Cottbus

Schloss und Park Branitz sind der Tourismushit von Brandenburgs zweitgrößter Stadt.

Mit **Grünanlagen** ist Cottbus seit jeher üppig bedacht, die Buga 1995 bescherte der Stadt zusätzlich den *Spreeauenpark*, der sich vom Branitzer Park und Tierpark im Süden bis in die Wohngebiete hinein erstreckt. Die Bundesgartenschau half auch, Cottbus vom Image ›Zentrum der Niederlausitzer Braunkohleindustrie‹ zu befreien. Das Stadtoriginal, der **Cottbuser Postkutscher**, trägt ebenso dazu bei, bekannt geworden ist er durch den Zungenbrecher: ›Der Cottbuser Postkutscher putzt den Cottbuser Postkutschkasten.‹

Als Metropole der Niederlausitzer Sorben hat Chosebuz zweisprachige

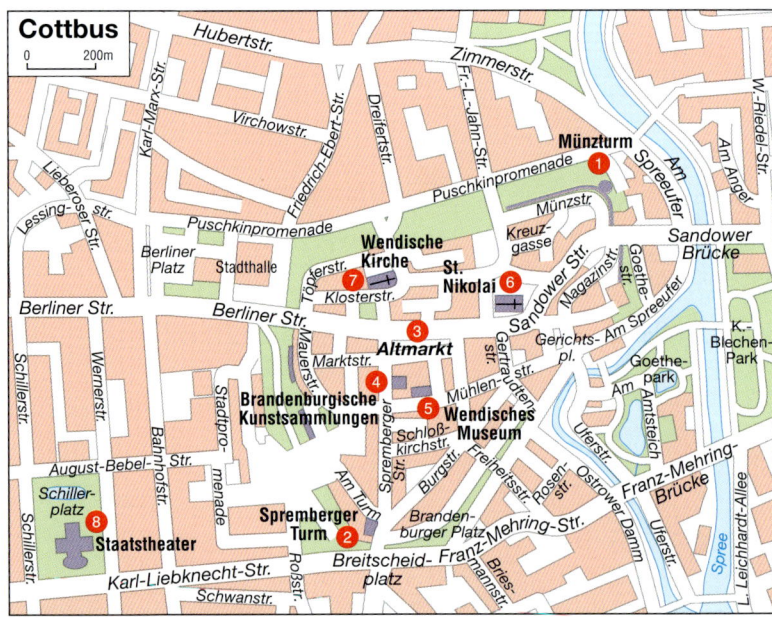

Ansehnliche Bürgerhäuser umstehen den Altmarkt in Cottbus – die Oberkirche St. Nikolai spitzt in die gute Stube der Niederlausitz-Metropole

Straßenschilder. In der Altstadt empfängt das wirtschaftliche und kulturelle Zentrum der Region seine Gäste in barockem Rahmen.

Geschichte Am Spreeübergang der Salzstraße Halle – Schlesien blühte Cottbus, 1156 erstmals genannt, rasch auf. Die seit dem Mittelalter belegte Tuchmacherei und von Pfälzern und Hugenotten ab 1701 eingeführte Seidenspinnerei entwickelten sich letztlich zum Hauptindustriezweig bis ins 20. Jh. hinein. 1845 kam *Hermann Fürst von Pückler-Muskau* nach Branitz bei Cottbus, als bereits 60-Jähriger legte er in der tristen Kiefernlandschaft einen großartigen Park an. Die schwer kriegszerstörte Stadt wurde zu

Sorbisches Kulturgut im Wendischen Museum – Trachtenrock aus dem Vetschauer Kirchenspiel

Das Staatstheater Cottbus ist ein hinreißender Jugendstilbau des Berliners Bernhard Sehring aus dem Jahr 1908

DDR-Zeiten zum Hauptort der *Niederlausitzer Braunkohle- und Energieindustrie*. Viel Renommee und entsprechenden Aufschwung brachte 1991 die Gründung der *Brandenburgischen Technischen Universität*.

Besichtigung Von der Stadtmauer des 15. Jh. sind vor allem im Nordwesten an Münz- und Magazinstraße Reste erhalten, zur ehem. Befestigung gehört hier der gedrungene **Münzturm** ❶ sowie der nach Schinkels Plänen zinnenbekränzte **Spremberger Turm** ❷, der im Süden die ›Sprem‹ – Cottbus' Flanier- und Einkaufsstraße – bewacht. Als dritter im Bunde erhebt sich stadtbildbeherrschend nahe der Spree der Turm des im 19. Jh. abgebrochenen Schlosses.

Der **Altmarkt** ❸ ist die gute Stube von Cottbus, mit seinen repräsentativen Bürgerhäusern des 17./18. Jh. Im Haus Nr. 24, der 400-jährigen Löwen-Apotheke, bietet das **Niederlausitzer Apothekenmuseum** einen Spaziergang durch die Geschichte der Pharmazie (Führungen Di–Fr 11, 14, Sa, So, Fei 14, 15 Uhr). Gleich um die Ecke präsentieren die **Brandenburgischen Kunstsammlungen** ❹ zeitgenössische Kunst, in erster Linie Fotografie und Plakate, aber auch Malerei, Grafik, Plastik, Design. (Spremberger Str. 1, Di–So 10–18 Uhr). Viel über die Kultur der Sorben ist im **Wendischen Museum** ❺ zu erfahren, hier werden u.a. kunstvoll bestickte Trachten, Blaudrucke, Möbel und die bekannten fein bemalten Ostereier gezeigt (Mühlenstr. 12, Di–Fr 8.30–17, Sa, So 14–18 Uhr).

Das Mädchen und die Brücke – Tagtraum im Park des Fürsten Pückler in Branitz

Der tolle Pückler

Er gehört zu den bedeutendsten Gartenarchitekten des 19. Jh., aber auch zu den schillerndsten Persönlichkeiten seiner Zeit: **Hermann Fürst von Pückler-Muskau** *(1785–1871). Die Parks in Babelsberg (Potsdam), Bad Muskau (Freistaat Sachsen) und Branitz (Cottbus) gelten als seine großartigsten* **Landschaftsgestaltungen**. *Pücklers Credo: »Der Park soll den Charakter der Landschaft haben, die Hand des Menschen wenig darin sichtbar sein.« Seit seiner Leipziger Studienzeit besaß Pückler den Ruf eines* **Exzentrikers**. *Aufsehen erregte der* **Frauenheld***, als er in einer von vier Hirschen gezogenen Kutsche in Berlin die Straße Unter den Linden entlangfuhr, um um seine spätere Frau Lucie zu werben. Der* **Bildungsreisende** *lernte ferne Länder wie Nordafrika und den Orient kennen, seine Tätigkeiten als* **Schriftsteller** *fanden Anerkennung bei Goethe. Jedoch – Pücklers Einfälle überstiegen bei weitem seine finanziellen Mittel. Den Muskauer Besitz musste er verkaufen und ins väterliche Erbgut nach Branitz bei Cottbus ziehen. Dort liegt er auch begraben, nach*

Pückler-Art: in einer in einem Teich errichteten Pyramide.

Weiterleben wird Pückler nicht nur in seinen Gartengestaltungen, auch das **Fürst-Pückler-Eis** *hält seinen Namen hoch – es gehört aber nicht zu den fürstlichen Kreationen, sondern wurde von einem pfiffigen Konditor werbewirksam so benannt. Zu DDR-Zeiten waren die Mächtigen bemüht, ihrem Volk keine Adligen als Vorbild zu suggerieren, und so wurde das Fürst-Pückler-Eis kurzerhand in* **Halbgefrorenes** *umgetauft.*

Östlich des Altmarkts ragt der haubengedeckte Turm der Oberkirche **St. Nikolai** ❻ auf. Als Glanzpunkte im Inneren der spätgotischen Backsteinhalle brillieren der farbig gefasste *Altaraufbau* von 1661 mit sehenswerten Alabasterreliefs des ›Abendmahls‹ in der Predella und der ›Auferstehung‹ im Mittelteil sowie die reichen *Stern- und Netzrippengewölbe*. Schätze der ehem. Klosterkirche am Nordrand der Altstadt, die nach der Reformation als **Wendische Kirche** ❼ fungierte, sind ein gewaltiges *Holzkreuz* (um 1320) und das etwa gleichzeitig entstandene *Doppelgrab* der Kirchenstifter Fredehelm und Adelheid von Cottbus, die armumschlungen (!) dargestellt sind.

Zielpunkt vieler Cottbus-Besucher ist am Schillerplatz Brandenburgs einziges **Staatstheater** ❽ – ein architektonisches Kleinod des späten Jugendstils, 1908 geschaffen vom Berliner Bernhard Sehring. Es ist eine Lust, die schwellenden, schwingenden Fassadenteile zu betrachten, teils flächig glatt, teils detailreich strukturiert und geschmückt, oder sich im

ebenso schönen Inneren dem sprühenden Theaterleben hinzugeben.

Wer nach langen Besichtigungstouren wieder neue Kraft tanken möchte, geht in das neue **Freizeitbad Splash** (Welzower Straße) mit Riesenrutsche, Strömungskanal, Wasserduschen und Saunen.

Das touristische Highlight aber liegt im Süden der Stadt. In Branitz schuf Fürst von Pückler-Muskau 1846–71 ein Meisterwerk deutscher Gartenkunst, den **Branitzer Park**, der zu allen Jahreszeiten beeindruckt. Etwa 400 Bäume ließ der exzentrische Fürst heranschaffen, Gräben und Teiche künstlich anlegen, Blumen-, Beet- und Buscharrangements komponieren. Zu seinen ungewöhnlichen Gestaltungsideen gehören zwei **Erdpyramiden**, wobei die Seepyramide als Grabstätte des Fürsten konzipiert ist. Des Fürsten Herz ist in Glas eingeschmolzen, Gemahlin Lucie wurde später hierher umgebettet. Besuchenswert ist auch das **Fürst-Pückler-Museum Schloss Branitz** (Di–So 10–18, Nov.–März bis 17 Uhr). Den spätbarocken Dreiflügelbau hatte der Fürst von Gottfried Semper umbauen lassen und 1846 bezogen. Man wandelt heute durch *Stilzimmer*, orientalische Räume, den Musiksaal, die fürstliche Bibliothek und lernt dabei über Leben und Werk des Landschaftskünstlers. Im oberen Stockwerk werden Bilder des in Cottbus geborenen Malers *Carl Blechen* (1798–1840) gezeigt – die größte malerische Begabung in Deutschland zwischen Caspar David Friedrich und Adolph von Menzel.

Praktische Hinweise

Tel.-Vorwahl Cottbus: 03 55

Information: Cottbus-Information, Berliner Platz 6, Tel. 7 54 20, Fax 7 54 24 55

Hotels
**** **Radisson SAS Hotel Cottbus**, Vetschauer Str. 12, Tel. 4 76 10, Fax 4 76 19 00, E-Mail: info@cbuzh.rdsas.com. Hier bleiben keine Wünsche offen: Hallenbad, Sauna, Solarium. Klimaanlage, gute Gastronomie und ein aufmerksamer Service.

*** **Best Western Hotel Branitz**, Heinrich-Zille-Str., Tel. 7 51 00, Fax 71 31 72, E-Mail: info@branitz.bestwestern.de. Ruhig, idyllische Stadtrandlage.

Rosen über Rosen im Ostdeutschen Rosengarten – kein Wunder, dass Forst ›Rosenstadt der Lausitz‹ genannt wird

** **Waldhotel**, Drachhausener Str. 70, Tel. 8 76 40, Fax 8 76 41 00. Behaglich, rustikal, nah – und doch im Wald.

50 Forst (Lausitz)

Stadt der Tuche und der Rosen.

Ein wohl duftendes Blütenmeer unterschiedlichster Farbnuancen empfängt den Sommergast im **Ostdeutschen Rosengarten**. Tausendfach zeigt sich die Königin der Blumen: Auf einer Gesamtfläche von 15 ha wachsen hier mehr als 40 000 Rosenstöcke in rund 400 Sorten, darunter auch außergewöhnlich kuriose und brandneue Züchtungen. Die Anlage an der Neiße geht auf eine Rosen- und Gartenbauausstellung im Jahr 1913 zurück, die nach Kriegszerstörung neu kultiviert wurde. Ein künstlich angelegter Wassergraben teilt den Park in zwei unterschiedlich gestaltete Bereiche (Wehrinselstr., Mai–Okt. 8–20, Nov.–April 9–17 Uhr).

Doch nicht nur Rosen machten Forst bekannt, die Stadt war lange Zeit Mittelpunkt der Lausitzer Textilindustrie und wurde ›Manchester des Ostens‹ genannt. Bis 1628 reichen die Anfänge des Tuchmacherhandwerks zurück. Die Blütezeit war zwischen den beiden Weltkriegen, 422 Textilbetriebe verzeichnete damals das Telefonbuch. Die Erinnerung an die Glanzzeit hält das **Brandenburgische Textilmuseum** wach, das in die

1897 errichtete Noacksche Weberei zog. Der Clou des Museums: Die Webstühle und Spinnmaschinen funktionieren noch immer. Mitarbeiter setzen sie in Bewegung und die Produkte sind anschließend als Souvenir zu erwerben. An einem Handwebstuhl können Besucher sich selbst versuchen (Sorauer Str. 37, Mi, Do 10–17, Fr–So 14–17 Uhr).

Forst wurde am Ende des Zweiten Weltkriegs erheblich zerstört. Wieder aufgebaut wurde am quadratischen Marktplatz die spätgotische Pfarrkirche **St. Nikolai**, deren Grundsteinlegung in der ersten Hälfte des 13. Jh. erfolgte. Die barocke Inneneinrichtung war 1945 ein Opfer der Flammen geworden. Zum Wahrzeichen der Stadt wurde der 1903 errichtete **Wasserturm**.

Braunes Gold und weißer Strand

Gigantische Schaufelräder von riesigen Baggern fressen sich unablässig in die Landschaft. Bis zu 120 m tief graben die gewaltigen **Stahl-Ungetüme**, *um an die Braunkohleflöze heranzukommen. Seit mehr als 150 Jahren leben die Menschen in der Lausitz mit und von der Braunkohle, die* **Vorräte** *sind weiterhin riesengroß, sie werden auf 13 Milliarden Tonnen geschätzt.*

Der **Braunkohle-Abbau** *hat die Landschaft der Lausitz stark verändert: Wälder, Straßen und Flüsse mussten verlegt werden, weit über 100 Dörfer wurden seit 1924 von den Baggern überrollt. Ausgekohlt hinterlassen die Tagebaue den düsteren Anblick einer* **Kraterlandschaft**, *rekultiviert bereichern sie das Terrain. Bei Spremberg entstand beispielsweise der* **Buchwitzberg** *mit Rodelhängen, Wanderwegen und kleinen Teichen und bei Senftenberg ein tiefblauer* **See** *mit Strandkörben und Sand wie an der Ostsee. Bund und Land stellen jährlich Millionen Euro bereit, um die zu DDR-Zeiten hinter den Neuaufschlüssen zurückgebliebene Rekultivierung zu forcieren. Bis zum Jahr 2020 wird es statt riesiger Mondlandschaften dann* **weitere 20 Seen** *geben. So soll der frühere Tagebau Greifenhain westlich der B 169 zwischen Cottbus und Senftenberg ein richtiges Badeparadies werden, fast doppelt so groß wie der Berliner Müggelsee.*

Praktische Hinweise

Tel.-Vorwahl Forst (Lausitz): 0 35 62

Information: Tourist- und Stadtinformation, Cottbuser Str. 10, Tel. 66 90 66, Fax 66 90 67

Hotels und Restaurants
* **Cityhotel & Restaurant Lindeneck**, Berliner Str. 37, Tel. 77 53, Fax 98 41 65. Regionale und internationale Küche mitten im Zentrum.

* **Café & Restaurant Pension Wilke**, Am Keuneschen Graben 19, Tel./Fax 98 43 73. In der Nähe des Rosengartens, regionale Küche.

51 Spremberg

Die spreeumflossene Stadt liegt im Herzen des Lausitzer Braunkohletagebaus.

Den schönsten Blick auf Spremberg bietet der Georgenberg mit dem **Bismarckturm** (1903), der über 140 Stufen des ›Schlüpferstegs‹ zu erklimmen ist (Mai–Okt. Mi 9–12, Sa, So 14–18 Uhr). Ihm zu Füßen liegt auf einer Spreeinsel die verwinkelte Altstadt mit etlichen schmucken Giebelhäusern, die allesamt vom blendengeschmückten, mit kräftiger Barockhaube gedeckten Turm der **Kreuzkirche** überragt werden. Die gotische Backsteinhalle birgt kulturgeschichtlich wertvolle Arbeiten aus Kirchen der Umgebung, die in den vergangenen Jahrzehnten der Braunkohle weichen mussten, darunter ein *Renaissancealtar* aus Jessen. Mit der Braunkohle hat auch die Geschichte der **Auferstehungskirche**

(13. Jh.) auf dem Schomberg zu tun. Um nicht dem Tagebau Greifenhain zum Opfer zu fallen, wurde sie 1988–90 im Dorf Pritzen Stein für Stein abgetragen und an ihrem jetzigen Standort bis 1994 wieder errichtet. Ein sorbisches Heidebauernhaus (um 1780) aus dem überbaggerten Dorf Groß Buckow wurde ebenfalls versetzt – auf das Parkgelände des **Niederlausitzer Heidemuseums und Kreismuseums**, in dem das frühere dörfliche Leben der Region zur Anschauung gebracht wird (Schlossbezirk 3, Di–Fr 9–12, 13–17, Sa, So 14–17 Uhr). Das Museum fand Quartier im **Schloss**, das an der Stelle einer alten Wasserburg steht, im 17. Jh. zur Sommerresidenz des Herzogs von Sachsen-Merseburg umgebaut und im 19. Jh. erheblich verändert worden ist. Stilelemente der Renaissance, des Barock und des 20. Jh. weist das **Rathaus** auf, das als einziges Bauwerk am Marktplatz von den Zerstörungen des Zweiten Weltkriegs verschont blieb. Seit der Einheit erstrahlen zahlreiche geschichtsträchtige Häuser im Stadtzentrum wieder im alten Glanz, so das *Kavalierhaus* in der Langen Straße 14–16 und das kleinste und älteste Haus Sprembergs, ein um 1580 errichteter *Fachwerkbau* in der Burgstraße 9.

Wasserratten bietet das neue **Erlebnisbad-Waldbad** am Kochsagrund Badespaß, Segler und Surfer zieht es zur **Talsperre Spremberg** nördlich der Stadt, die die Spree auf einer Länge von 7 km staut. Rundum entstand hier ein beliebtes Erholungsgebiet.

Praktische Hinweise

Tel.-Vorwahl Spremberg: 0 35 63
Information: Tourist-Information, Am Markt 2, Tel. 45 30, Fax 59 40 41

52 Senftenberg

Vom Industriestandort zur Ferienstadt.

1966 rollte der letzte Kohlezug aus dem Braunkohletagebau Niemtsch südlich von Senftenberg, sieben Jahre später kamen die ersten Badegäste. Die triste Braunkohlegrube wurde nach der Auskohlung zum **Senftenberger See** umgestaltet, mit 1300 ha eines der größten künstlich angelegten Gewässer Europas – ›Ostsee der Niederlausitzer‹ genannt. An heißen Sommertagen tummeln sich Zehntausende am kilometerlangen *Sandstrand* und im klaren Wasser des Sees, den ein 18,5 km langer *Wanderweg* umfängt. Die künstlich angelegte *Insel* bietet seltenen Vögeln ungestörten Lebensraum und wurde deshalb unter Naturschutz gestellt, sie darf nicht betreten werden.

Direkt am Strand öffnete im Sommer 2001 das bis zu 600 Besucher fassende **Amphitheater** (Info-Tel. 80 08 00), vom

Ehemals Sommerresidenz, heute Museums- und Verwaltungssitz – Schloss Spremberg

Lohn der Rekultivierung – Strandleben am Senftenberger See

Baustil her eine Mischung aus klassischen und modernen Elementen. Die hervorragende Akustik sowie die moderne Licht-, Ton- und Bühnentechnik lassen Aufführungen zu einem Erlebnis werden.

Gegenwärtig entstehen drei weitere Seen in den Restlöchern der ehem. Tagebaue Koschen, Skado und Sedlitz. Senftenberg, seit dem 19. Jh. eng mit der Braunkohle verbunden, ist im Begriff ein **Ferienort** zu werden.

Die aus einem quadratischen Erdwall mit vier Bastionen bestehende **Festungsanlage** entstand im 16. Jh. Derartige Anlagen waren beliebt, da sie schnell und billig aufgeschüttet werden konnten. Da sie aber wenig dauerhaft waren, blieb in Deutschland keine vergleichbare erhalten. Die Festung sicherte das *Renaissanceschloss*, das Mitte des 16. Jh. an der Stelle einer mittelalterlichen Burg errichtet wurde. Hier hat nun das **Kreismuseum** sein Domizil; ein nachgebauter *Bergwerksstollen* in Originalgröße bildet die Attraktion des Hauses (Di–Fr 10–16, Sa, So 13–17, im Mai–Sept. 14–18 Uhr). Vom hübschen Markt führt eine Gasse zum Kirchplatz mit der großen dreischiffigen Kirche **St. Peter und Paul**, die im Zweiten Weltkriegs ausbrannte, aber bereits 1958 wieder hergerichtet war. Die spätgotische Halle wirkt innen durch die weiße Ausmalung sehr nüchtern.

Ausflüge

Eurospeedway Lausitz (direkt an der A 13, zwischen den Anschlussstellen Großräschen und Klettwitz) nennt sich Europas modernste Rennstrecke. Sie wurde im August 2000 eröffnet. Das gesamte Areal, das auf dem Gelände des ehem. Braunkohletagebaus Meuros liegt, ist so groß wie 775 Fußballfelder und war mit 170 Mio. Euro das bisher größte Bauprojekt im Bundesland Brandenburg. Bis zu 120 000 Zuschauer finden hier Platz.

Finsterwalde (ca. 50 km westlich) wurde durch Wilhelm Wolffs Lied ›Die Sänger von Finsterwalde‹ (1899) weit über Brandenburgs Grenzen hinaus bekannt. Traditionell wird daher alle zwei Jahre Ende August das *Sängerfest* gefeiert (nächstes im Jahr 2002). Den lang gestreckten *Marktplatz* mit adretten Häusern verschiedener Baustile begrenzt an der Südseite das barocke *Rathaus* (1739). Die *Stadtkirche* dahinter ist ein schöner Emporensaal (um 1580) mit prächtiger Sandsteinkanzel von 1615. Die Schlossstraße verbindet den Markt mit der weiträumigen, aus Vorder- und malerischem Hinterschloss bestehenden *Renaissanceanlage* (1559–97). Das *Kreismuseum* in der Langen Straße 8 besitzt mit dem original eingerichteten Kolonialwarenladen aus der Mitte des 19. Jh.

und einer mit Produkten aus DDR-Zeiten bestückten Drogerie zwei Kleinode (Mi, Fr, So 10–12, 14–17, Di bis 18 Uhr).

Zum Besucherbergwerk F 60, 7 km südöstlich von Finsterwalde bei Lichterfeld, wurde die mit 501 m Länge und 74 m Höhe weltgrößte Abraumförderbrücke. Die 1992 stillgelegte Anlage, die wegen ihrer langgestreckten Form, der Größe und der Gitterkonstruktion im Volksmund ›liegender Eifelturm‹ genannt wird, thront weit über dem künftigen Bergheider See (April-Sept. Di–So 10–18 Uhr, Okt.-März bis 16 Uhr).

Doberlug-Kirchhain, 10 km westlich von Finsterwalde, besitzt mit der um 1228 geweihten ehem. *Zisterzienserklosterkirche* den bedeutendsten spätromanischen Kirchenbau der Niederlausitz, der allerdings 1905/06 vor allem im Inneren erheblich überformt wurde. Das nahe *Renaissanceschloss* mit den auffallenden giebelbekrönten Zwerchhäusern erhielt sein heutiges Aussehen in der zweiten Hälfte des 17. Jh. Seit dieser Zeit wurde in Kirchhain Leder gegerbt, um 1900 existierten hier etwa 100 Gerbereien. Über die Entwicklung dieses Handwerks informiert das *Weißgerbermuseum* (Potsdamer Str. 18, Di–Do 9–12, 14–17, Fr bis 16, So 14–16 Uhr).

Praktische Hinweise

Tel.-Vorwahl Senftenberg: 0 35 73

Information: Tourist-Information, Markt 1, Senftenberg, Tel. 1 49 90 10, Fax 1 49 90 11

53 Luckau

Aufstrebende Kleinstadt – wehrhaft und schön.

Luckau hat eine verwinkelte **malerische Altstadt** mit engen Gassen, Kopfsteinpflaster und hübschen Häuschen. Es ist ein liebenswert-charmantes Städtchen mit historischem Flair.

Am Schnittpunkt der wichtigen Handelswege Magdeburg–Cottbus, Leipzig–Frankfurt (Oder) im 13. Jh. angelegt, war Luckau bald eine reiche und bedeutende Stadt, ab 1492 gar eine der Hauptstädte der Niederlausitz. Abzulesen ist das noch an zahlreichen Bauwerken.

Den prachtvollen **Marktplatz** säumt ein Reigen schmucker *Giebelhäuser*, reich verziert mit frühbarocken Stuckatu-

Nikolaikirche in Luckau – in mittelalterlicher Hülle steckt eine außergewöhnlich einheitliche Barockausstattung

Als wär's ein Werk des Zuckerbäckers – Schmuckgiebelhaus am Markt von Luckau mit Wandstuckaturen wohl italienischer Meister aus der Zeit um 1700

ren, teils wohl geordnet säulchengerahmt, teils wild wuchernd zwischen Pilastern und Voluten (Haus-Nr. 13, 30, 32). Voluten rollen auch über die Giebel der barock überformten kleinen *Georgenkapelle*, in der heute standesamtlich getraut wird. Ihr angebaut ist der hoch aufstrebende, das Stadtbild dominierende *Hausmannsturm*, er erhielt seine markante achteckige Form 1697 und diente einst als Wachturm. Bescheiden wirkt da fast schon das 1852 im Stil des Spätklassizismus erbaute *Rathaus*.

Nördlich des Marktes liegt die Stadtkirche **St. Nikolai** (13.–15. Jh.) mit merkwürdig gedrungen-mächtigem Äußeren, da ihre Doppelturmfassade kaum den hohen Dachaufbau überragt. Im mittelalterlichen Inneren der dreischiffigen Hallenkirche überrascht eine außergewöhnlich einheitliche Barockausstattung. Die herausragenden Kunstwerke: die mit vielen Figuren und Reliefs meisterlich gestaltete *Sandsteinkanzel* von 1666 – als Kanzelträger sind Moses und Aaron dargestellt –, die voluminöse *Orgel* mit 44 Registern und 3500 Pfeifen von Christoph Donath (1674), der mit Malereien versehene Altaraufsatz (1670), schließlich die von gemalten Draperien hinterfangenen *Epitaphien* an den schlanken Achteckpfeilern.

Idyllisch ist ein Spaziergang entlang der fast vollständig erhaltenen **Stadtmauer** und des Stadtgrabens. Dazu gehört der nadelspitz behelmte **Rote Turm**, der 1813 vor der Stadt den Kampf verbündeter russischer und preußischer Soldaten gegen die Truppen Napoleons miterlebte.

Ausflug

TOP TIPP Südlich von Luckau erstreckt sich der **Naturpark Niederlausitzer Landrücken** (582 km²) mit dem *Naturschutzgebiet Borcheltsbusch*, in dem von drei Türmen aus Kraniche, Reiher und andere Vögel beobachtet werden können – ein besonderes Erlebnis vor allem im Herbst, wenn die Tiere hier Zwischenstation auf ihrem Weg nach Süden machen!

Im *Höllberghof* bei Langengrassau wird dem Besucher gezeigt, wie einst die Landwirtschaft in der Niederlausitz betrieben wurde (Mai–Sept. tgl. 10–19 Uhr, Okt.–April bis 15 Uhr).

Praktische Hinweise

Tel.-Vorwahl Luckau: 0 35 44

Information: FVV Niederlausitzer Land, Nordpromenade 19, Luckau, Tel. 30 50, Fax 50 82 76

Fläming – stille Dörfer, alte Städte

Der Fläming ist ein leicht gewölbter eiszeitlich geformter Höhenrücken – eine stille Landschaft, die gern zu Ausflügen und Wanderungen aufgesucht wird. Mit dem 178 m hohen *Golmberg* zwischen Stülpe und Petkus erreicht der **Niedere Fläming** seinen höchsten Punkt. Der **Hohe Fläming** wird – etwas übertrieben – oft das kleinste Mittelgebirge Deutschlands genannt, weil er mit dem *Hagelberg* nahe Belzig Norddeutschlands höchste Erhebung vorweisen kann: einen gerade mal 200 m aufragenden Hügel! Die *Nuthe* bildet die Grenze zwischen dem Niederen Fläming im Osten und dem Hohen Fläming im Westen. Flämische Siedler, die im 12. Jh. von Albrecht dem Bären in den dünn besiedelten Landstrich geholt wurden, gaben der Region ihren Namen.

Beschauliche Dörfer und alte Städte wie **Belzig** und **Jüterbog** mit ihren mittelalterlichen Mauern, Türmen und Kirchen halten viel Historisches bereit. Besondere Geschichtszeugen aber sind Burg Eisenhardt, Schloss Wiesenburg und Burg Rabenstein, deretwegen oft vom **Drei-Burgen-Land** gesprochen wird.

54 Beelitz

Der Spargel hat das Städtchen über die Landesgrenzen hinaus bekannt gemacht.

Um Beelitz gab es vor dem Zweiten Weltkrieg das größte **Spargelanbaugebiet** Deutschlands. Zu DDR-Zeiten war hier der Anbau von etwa 450 ha auf 10 ha zurückgegangen, die spärliche Ernte wurde für ›harte Währung‹ nach West-Berlin verkauft, was übrig blieb, gehörte zur ›Bückware‹ (diese lag unter dem Ladentisch und nur für gute Kunden, Freunde und Verwandte verborgen). Vor allem in den 20er-Jahren des vorigen Jh. hatte das Geschäft geboomt. An diese große Vergangenheit haben die Spargelbauern in den letzten Jahren wieder angeschlossen. In der nur acht Wochen dauernden Erntezeit reisen viele hierher, um frischen Spargel zu kaufen oder in den Gaststätten in den unterschiedlichsten Varianten zu probieren. Eng wird es in der märkischen Kleinstadt, wenn Ende Mai/Anfang Juni das große **Spargelfest** gefeiert wird.

Neben den kulinarischen Verlockungen bietet Beelitz einen geschlossenen **historischen Stadtkern**, der anstelle einer Wehrmauer von einer ringförmigen Wohnbebauung umfasst wird. Die bereits 997 urkundlich erwähnte Stadt war ab dem 13. Jh. ein viel besuchter Wunderblut-Wallfahrtsort, Pilgerziel war die um 1370 an die Stadtpfarrkirche **St. Marien** angebaute achteckige **Kapelle**, die im 16. Jh. ihr schönes Sterngewölbe erhielt. Am **Rathaus** (1842) vorbei kommt man zur klassizistischen **Posthalterei** (1789), Poststr. 16, die einst für die Ausspannung von 40 Pferden errichtet wurde und heute als Standesamt und Bibliothek fungiert. Geheiratet wird im attraktiven ›Goethesaal‹, dessen Wände gemalte klassische Landschaften zieren. Markantestes Bauwerk außerhalb des historischen Stadtkerns ist der 40 m hohe **Wasserturm** (1928), der bis 1944 das Zauche-Museum beherbergte.

Bekannt war die Stadt auch als Standort der **Beelitzer Heilstätten**. Die ab 1898 von der Landesversicherungsanstalt Berlin erbaute Klinikanlage, zu der 60 Häuser im englischen Landhausstil gehören, war seinerzeit mit 200 ha das weitläufigste und modernste Lungensanatorium Europas. Bis zur Wende war hier eines der größten russischen Militärkrankenhäuser untergebracht. 1990/91 wurde die Welt darauf aufmerksam, als die Russen Erich Honecker bis zu seiner spektakulären Ausschleusung nach Mos-

◁ **Oben:** *Die verwinkelte Dachlandschaft Belzigs überragt behäbig-gluckig die spätromanische Marienkirche*

Unten: *Trutzburg mit barockem Ausrufezeichen – Burg Eisenhardt mit kursächsischer Postmeilensäule (1727)*

kau hier in der alten Direktorenvilla Asyl gewährten. In der ehem. **Lungenheilstätte für Männer** wurde inzwischen eine neurologische Rehabilitationsklinik eingerichtet.

Praktische Hinweise

Tel.-Vorwahl Beelitz: 03 32 04

Information: Stadtverwaltung Beelitz, Berliner Str. 202, Tel. 39 10, Fax 3 91 35

Hotel

* **Hotel Pension Zum Weinberg**, Carl-von-Ossietzky-Str. 1, Tel. 4 25 83. In ruhiger Ortsrandlage am Wald.

55 Belzig

Im burgenreichen Zentrum des Hohen Fläming.

Der erste Weg der Gäste von Belzig führt meist hinauf zur **Burg Eisenhardt**, einer der ältesten Höhenburgen im Brandenburgischen, 997 erstmals genannt. Von der ursprünglichen Anlage blieb jedoch nur der 33 m hohe ›Butterturm‹ genannte Bergfried (12. Jh.) erhalten, der seinem Besteiger schöne Aussicht auf die umgebende Hügellandschaft und auf das verschachtelt zu Füßen liegende Städtchen Belzig schenkt. Ihr heutiges Aussehen mit den gewaltigen Ringmauern und Bastionen bekam die aufgrund ihrer exponierten Lage zwischen Sachsen, Brandenburg und Magdeburg heiß umkämpfte Feste nach dem Dreißigjährigen Krieg. Zu ihren berühmtesten Gästen zählten Martin Luther (1530) und der russische Zar Peter I. (1712). Das einstige Salzmagazin beherbergt heute ein *Hotel*, ins Torhaus zog das *Burgmuseum* mit seiner heimatkundlichen Sammlung und einem Zinnfiguren-Diorama der Schlacht am Hagelberg (Di–Fr 10–12, 12.30–16, Sa, So bis 17 Uhr). Vor der Burg bekam die nördlichste sächsische *Postmeilensäule* (1727) mit den Initialen von Kurfürst August dem Starken ihren Platz.

Im gut erhaltenen, sympathisch verwinkelten Stadtkern von **Belzig** dominiert die abseits vom kleinen Marktplatz stehende spätromanische Kirche **St. Marien** mit markanter Turmhaube und einer Innenausstattung des 17. Jh. Das vermeintlich barocke **Rathaus** mit Dachreiter am Marktplatz wurde nach einem Brand 1972 nach historischem Vorbild wieder aufgebaut. In den kleinen Gäss-

chen ringsum stehen hübsche Häuser des 17./18. Jh. Nördlich der Stadt errichtete die Firma Siemens um 1900 für ihre Arbeitnehmer eine Heilstätte zur Behandlung von Tuberkulose. Nach 1990 wurde die **Reha-Klinik** erweitert und umfassend modernisiert. Im Sommer 2000 empfing die **Steintherme** ihre ersten Gäste. Sie bietet Sole, Innen- und Außenbecken mit Massagedüsen und Sprudelliegen sowie einen Whirlpool.

Ausflüge

Leicht erwandern kann man die höchste Erhebung Brandenburgs 4 km westlich. Der **Hagelberg** gewährt Überblick über die Landschaft des Hohen Fläming und erinnert gleich mit zwei Denkmälern an den 27. August 1813, als hier ein Verbund preußischer und russischer Truppen Napoleons Garde besiegte und aus Brandenburg vertrieb. Vom alten Denkmal, das 1849 König Friedrich Wilhelm IV. enthüllt hatte, steht nur noch ein Rest. Das neue, große Monument stammt aus dem Jahr 1955.

10 km sind es auf der B 102 von Belzig bis zur Kleinstadt **Niemegk** mit einem imposanten *Renaissance-Rathaus* von 1579. Eine Gedenktafel am Haus gegenüber informiert, dass hier *Robert Koch*, Begründer der wissenschaftlichen Bakteriologie und Nobelpreisträger, seine erste Landarztpraxis hatte. Die neogotische *Backsteinkirche* wurde 1852/53 nach Plänen von Friedrich August Stüler errichtet.

Südwestlich, weitere 10 km entfernt, liegt auf steilem Hügel **Burg Rabenstein**, die einst zu Sachsen gehörte. Immer, wenn Kurfürst August der Starke seinen nordwestlichsten Landesteil besuchte, soll er auf den 28 m hohen *Bergfried* gestiegen sein. Denn die Aussicht von diesem runden Felssteinkoloss war und ist fantastisch (Mo–Fr 10–16, Sa, So 12–17 Uhr). Burg Rabenstein entstand vermutlich im 12. Jh. und vermittelt heute mit Vor- und Hauptburg, Burgkapelle, Rittersaal reinste Ritterromantik.

Die Dritte im Bunde ist die **Wiesenburg** – von Belzig aus über die B 246 in westlicher Richtung zu erreichen (10 km). Die Burg des 12. Jh. wurde allerdings schon im 16. Jh. in ein Renaissanceschloss verwandelt und im 19. Jh. nochmals historisierend verändert. Beachtenswert sind das giebelgeschmückte *Torhaus* und der *Hofbrunnen* von 1609. Seit Abschluss der Sanierung Ende 2002 befinden sich im Schloss Büros und

Wiesenburg – das stattliche Schloss liegt in einem nach italienischer Manier angelegten Park

Wohnungen, der einstige Rittersaal wird für Konzerte und Theateraufführungen genutzt. Der wunderschöne *Park* im englischen Landschaftsstil überrascht mit ausländischen Gehölzen.

<mark>Praktische Hinweise</mark>

Tel.-Vorwahl Belzig: 03 38 41

Information: Tourist-Information, Straße der Einheit 5, Tel. 3 87 99 10, Fax 3 87 99 99

Hotel
*** **Fläming Hotel Wenddoche**, Belzig (Ortsteil Wenddoche), Tel. 03 38 46/59 90, Fax 4 00 20. In ruhiger Waldlage, Restaurant mit flämingschen Spezialitäten.

56 Treuenbrietzen

Zwei Kirchen dominieren den Altstadtkern des ›Sabinchenstädtchens‹.

Alles Sabinchen! – Sabinchenstädtchen wird das liebenswerte Treuenbrietzen gern genannt, man kehrt hier in die Sabinchenklause ein und feiert 3 Wochen nach Pfingsten das Sabinchenfest. Der Moritat ›Sabinchen war ein Frauenzim-

mer (…)‹ verdankt die Kleinstadt seit Mitte des 19. Jh. ihren hohen Bekanntheitsgrad. Demzufolge steht seit 1984 vor dem Rathaus das **Sabinchen**, das aus Liebe zu ihrem Schuster aus Treuenbrietzen der Herrschaft silberne Löffel stahl, vom treulosen Liebhaber aber verlassen und umgebracht wurde.

Sabinchen und ihr untreuer Schuhmacher werden alljährlich zum Treuenbrietzener Sabinchenfest neu gewählt

Treu hingegen hielt Briezen trotz Belagerung durch Sachsen und Anhaltiner im Jahr 1348 zu den rechtmäßigen Landesherren, den Wittelsbachern. Daraufhin durfte angeblich dem **Stadtnamen** der Treue-Zusatz vorangestellt werden.

Stattlich wirkt das weißgeputzte **Rathaus**, wie überhaupt hübsche **Bürgerhäuser** (18./19. Jh.) in Fachwerk das Bild von Treuenbrietzen prägen. Zwei spätromanischen Kirchen gibt es in der Stadt (beide 13. Jh.): die aus Feldsteinen und Backstein errichtete **Marienkirche** mit einer Wagner-Orgel von 1740/41 im Inneren und einem massiven Westturm, den vier Ziergiebel schmücken (15. Jh.), sowie **St. Nikolai**, ganz aus Backstein erbaut, mit geschweifter Turmhaube und ornamentalen Gewölbemalereien des 15. Jh. in der Hauptapsis. Am westlichen Ende der großzügig breiten, von Linden gesäumten Großstraße steht der spätgotische Rundbau der ehem. Heilig-Geist-Kapelle, der mittlerweile das **Heimatmuseum** beherbergt. Dem Bau aus Feldsteinen wurde im 15./16. Jh. straßenseitig eine Backsteinfassade vorgeblendet und 1936 ein Fachwerkgeschoss sowie sein wirkungsvolles Kegeldach aufgesetzt (Großstr. 1a, Mi–Fr 13–17, Sa, So 10–12, 13–17 Uhr). Von der Stadtbefestigung blieb der **Pulverturm** erhalten.

Praktische Hinweise

Tel.-Vorwahl Treuenbrietzen: 03 37 48

Information: Stadtinformation, Großstr. 96, Tel. 1 21 02

Restaurant

Reuters Restaurant am Museum, Großstr. 2, Tel. 1 54 77. Regionale und deutsche Küche in rustikaler Atmosphäre.

57 Luckenwalde

Stadt in den Niederungen des Baruther Urstromtales.

Für Freunde der Architektur ist die Stadt an der Nuthe besonders interessant, denn sie hat beispielhafte **progressive Bauwerke** der 20er- und 30er-Jahre des 20. Jh. vorzuweisen, die sich an den Bauhausstil anlehnen. Es sind die Siedlungen *Am Anger* (1929) und *Treuenbrietzener Straße* (1921), das *Stadtbad* (1928) und vor allem das Ensemble *Stadttheater-Schule* (1928–30) an der Ecke Theater- und Grünstraße, das durch seine schlichte Strenge besticht: Aneinander gerückten Bauklötzen gleichen die unterschiedlich großen teils reich, teils schlitzartig durchfensterten Kuben. Paul Backes hat diesen Bau errichtet, er war Mitarbeiter der so reformfreudigen Stadtverwaltung, die damals höchst ausdrucksvoll schaffende Architekten wie Bruno Taut oder Erich Mendelsohn, den Erbauer des Einsteinturms, in die Stadt lockten. So fehlt Mendelsohns *Hutfabrik* in der Industriestraße in keiner Architekturgeschichte.

Auch am Markt hat Luckenwalde ein interessantes Bauensemble zu bieten: Der **Marktturm** dient der wenige Schritte entfernten spätgotischen **Johanniskir-**

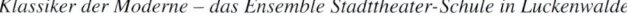

Klassiker der Moderne – das Ensemble Stadttheater-Schule in Luckenwalde

che seit 1484 als Glockenturm. Wann und zu welchem Zweck dieser klotzige, heute mit barockem Mansarddach und Dachreiter gedeckte Turm aufgerichtet wurde, verzeichnet keine Chronik. In der backsteinernen, außen mit schönem *Zierrippengiebel* geschmückten Kirche sind spätgotische Altarfiguren und Fresken an Pfeilern und Nordwand beachtenswert. Am großzügigen Marktplatz und in der Baruther Straße blieben noch einige der typischen zweigeschossigen **Fachwerkhäuser** erhalten. Nachbarn des Marktturms sind das **Rathaus** mit einer spätklassizistischen Fassade und das **alte Schulgebäude** von 1829. Übrigens wurde in Luckenwalde eine Erfindung gemacht, die aus unserer Zeit nicht mehr wegzudenken ist: 1867 ließ sich Papierwarenfabrikant Hermann Hentschel den *Pappteller* patentieren.

Dass Luckenwalde 1285 an das Kloster Zinna verkauft wurde, 1690 zu Brandenburg kam und im 18. und 19. Jh. ein Zentrum der Tuch- und Hutindustrie war, darüber wird im **Heimatmuseum** ausführlich informiert – auch über den märkischen Revolutionär des 20. Jh., *Rudi Dutschke*. Er wurde 1949 bei Luckenwalde geboren, besuchte hier das Gymnasium, durfte in der DDR nicht studieren, ging 1960 in das damalige West-Berlin, wo er in der 68er-Bewegung zum Wortführer rebellierender Studenten aufstieg (Markt 11, Mi–Fr 10–12, 13–17, Sa 13–17, So 10–12, 14–17 Uhr).

Die Attraktionen des neuen Bade- und Saunaparadieses ›**Fläming-Therme**‹ sind Erlebnisbad, Strömungskanal, Wasserfall und Saunawelt.

Vorne geziert und hinten trutzig – den Luckenwalder Marktturm adaptierte man als Glockenturm der Johanniskirche

58 Kloster Zinna

Fabelhafte Fresken, ratternde Webstühle und der bekannte ›Klosterbruder‹.

1170 kamen aus der Zisterzienserabtei Altenberg bei Köln zwölf Mönche und ein Abt in das Land östlich der Elbe, sie ließen sich bei Jüterbog nieder und begannen im Auftrag des Magdeburger Erzbischofs Wichmann mit dem politisch motivierten Klosterbau. Denn nach Unterwerfung der Wenden 1157 waren die Zisterzienser – die Bauernmönche »mit dem Kreuz in der Linken, mit Axt und Spaten in der Rechten« – zur Urbarmachung des unwegsamen Geländes die idealen Kolonisatoren. Wegen kriegerischer Auseinandersetzungen konnte die aus behauenen Feldsteinen aufgerichtete **Klosterkirche** allerdings erst 1226 geweiht werden – eine der Ordensregel entsprechend innen wie außen schlichte kreuzförmige Pfeilerbasilika, an deren sacht angespitzten Fenster- und Arkadenbögen sich der Übergang von der Romanik zur frühen Gotik manifestiert. Interessant sind der in gotischen Majuskeln verfasste Engelsgruß im *Chorfußboden*, die Reste des gotischen *Chorgestühls*, die mit Engelsfiguren verzierte *Sakramentsnische* (15. Jh.) sowie die *Glasmalereien* mit den Ordenspatronen Benedikt und

Praktische Hinweise

Tel.-Vorwahl Luckenwalde: 0 33 71

Information: Tourist-Information, Zinnaer Str. 34, Tel. 64 35 50, Fax 64 35 59

Hotels

*** **Vierseithof**, Haag 20/Am Herrenhaus 1, Tel. 6 26 80, Fax 62 68 68. Neues City Line Hotel in einem alten Fabrikgebäude; Schwimmbad, Sauna, Solarium und ein Restaurant mit Sonnenterrasse im Innenhof.

** **Luckenwalder Hof**, Dahmer Str. 34, Tel. 61 01 45, Fax 61 01 46. Gut eingerichtete Zimmer, Restaurant ›Bistro‹ mit französisch inspirierter Küche.

Kloster Zinnas einstige Bedeutung bezeugen die herrlich gestaffelten Giebel **(oben)** *– vorne schlicht blendengeschmückt die Alte (14. Jh.), und hinten aufwendig kleinteilig geziert die Neue Abtei (1450) – wie auch das reizvolle Fresko der hl. Ursula* **(unten)** *in der Abtskapelle, um 1440*

Bernhard in der Hauptapsis, die Anfang des 16. Jh. entstanden.

Die Mönche wurden ihrem Ruf gerecht – bald gehörten rund 300 km² Land, 50 Dörfer der Umgebung, elf Mühlen und eine Pechhütte zum Klosterbesitz. Der Reichtum ist dem im 14. Jh. mit blendengeschmücktem Giebel errichteten **Gästehaus** (Alte Abtei) und der prunkvollen **Neuen Abtei** (1450) mit ihrem hochgotischen Staffelgiebel durchaus anzusehen. Im hier untergebrachten *Klostermuseum* wird die Kloster- wie auch die Zisterziensergeschichte erzählt und ein schönes Klostermodell gezeigt, vor allem aber kann man die großartigen *Fresken* (um 1440) in der Abtskapelle bestaunen – eine Anna Selbdritt, eine große und oft als Madonna verkannte hl. Ursula im Schutzmanteltypus und verschiedene andere Heilige –, die zum Schönsten gehören, was die Gotik auf diesem Gebiet hinterlassen hat. Der obere Saal war der Empfangsraum des Abtes. Man kann auch einen Blick in die *Schaudestille* werfen, wozu ein Schluck des weithin bekannten Kräuterlikörs ›Zinnaer Klosterbruder‹ gehört (im Eintrittspreis inbegriffen; Di–So 10–17 Uhr).

Die Reformation bedeutete das Aus für das Kloster, 1553 wurde es säkularisiert. Erst im 18. Jh. entstand das Dorf, als Friedrich II. 1764 in der Nachbarschaft 150 eingeschossige Häuser bauen ließ und darin Weberfamilien aus der Oberlausitz ansiedelte. Die streng geometrische Ausrichtung des **Ortes Kloster Zinna** mit dem achteckigen Marktplatz verdeutlicht noch heute die planmäßige Anlage. In der *Alten Försterei*, heute ein Hotel, soll der König mehrmals übernachtet haben. Aus Dankbarkeit für die Ortsgründung bekam Friedrich II. 1864 mitten auf dem Marktplatz ein *Denkmal* gesetzt, das die kommunistischen Machthaber 1949 entfernten. Seit 1994 steht der ›Alte Fritz‹ aber wieder an seinem angestammten Platz. Das *Alte Zollhaus* erinnert an die Grenze zwischen Preußen und Sachsen, die 1680–1815 hier verlief. In den Innenräumen hat sich das *Webermuseum* einquartiert, in dem historische Webstühle rattern und die Ortsgeschichte vor Augen geführt wird (Di–So 10–17 Uhr).

Praktische Hinweise

Tel.-Vorwahl Kloster Zinna: 0 33 72

Information: Museum Kloster Zinna, Am Kloster 6, Tel./Fax 43 95 05

Hotel

** **Romantik Hotel Alte Försterei**, Markt 7, Tel. 46 50, Fax 46 52 22. Zeitgemäße Zimmer in der historischen Försterei aus dem 18. Jh.; vegetarische, französische und regionaldeutsche Küche.

59 Jüterbog

Mittelalterliche Bauten prägen den Hauptort des Niederen Fläming.

Jüterbogs historische Altstadt liegt noch zum Teil im alten Stadtmauerring. An allen drei Hauptzufahrtsstraßen begrüßen den Gast mit Blenden, Friesen und Zinnen geschmückte **Toranlagen** aus dem 15. Jh., jede für sich eine Backsteinzier. Wiekhäuser, Wehrtürme, drei Kirchen und das prachtvolle Rathaus verweisen auf den einstigen Reichtum der blühenden mittelalterlichen Handels- und Handwerkerstadt, der Erzbischof Wichmann schon 1174 Magdeburger Stadtrecht verliehen hatte. Die Stadt richtete später mehrfach Fürstentagungen aus, sah den Ablassprediger Tetzel, dann Thomas Müntzer, Philipp Melanchthon und im Dreißigjährigen Krieg Wallenstein in ihren Mauern.

Vom frühen Wohlstand kündet das spätgotische **Rathaus** (um 1500), das mitten am Markt unter mächtigem Satteldach liegt. *Staffelgiebel* nach Ost und West und besonders reich über dem *Gerichtslaubenvorbau* zum Markt hin schmücken den platzbeherrschenden backsteinernen Bau. An seiner Nordseite verweist die Steinfigur des *hl. Mauritius* (Original von 1507 im Museum) auf die Herrschaft des Erzbistums Magdeburg. Das vom Bürgermeister genutzte *Fürstenzimmer* im Obergeschoss ist mit seinem Sternengewölbe und der gedrehten Sandsteinsäule ein Meisterwerk spätgotischer Baukunst (Sa 13, So 14 Uhr).

Pferde- und Mönchenstraße führen von hier nach Westen zum eindrucksvollen **Dammtor**, an dem eine Tafel verkündet: ›Wer seinen Kindern gibt das Brodt und leidet nachmals selber Noth, den schlage man mit dieser Keule todt‹. Die Keule, mittelalterliches Zeichen der städtischen Gerichtshoheit, hängt gleich daneben. Vor dem Tor, in der Dammvorstadt, liegt die **Liebfrauenkirche** (um 1170). Das älteste Bauwerk der Stadt besitzt eine bemerkenswerte Innenausstat-

Wehrhafte Backsteinzier in Jüterbog – das Dammtor mit vorgelagertem Rundturm war als Doppeltoranlage konzipiert

Jüterbog: Ein formenreicher Staffelgiebel (**oben**) *sitzt über dem Gerichtslaubenvorbau des spätgotischen Rathauses, die Nikolaikirche birgt eine opulente Orgel aus dem Jahr 1728* (**unten**)

tung, hingewiesen sei auf die reich reliefierte *Sandsteinkanzel* (1575) und die Barockorgel von Johann Joachim Wagner.

Die **Mönchenkirche** (1480–1510) im Norden der Stadt gehörte einst zum Franziskanerkloster, sie wurde zur Erbauungszeit im Mittelschiff ausgemalt und wird heute als Theater- und Konzertstätte wie auch als Bibliothek genutzt: So kommt es, dass Christus und der hl. Franziskus nun über Bücherregalen und Lesenden schweben.

Weiter östlich, im ehem. Stadthof der Äbte des nahe gelegenen Klosters Zinna, einem spätgotischen Backsteinbau mit Treppengiebel, zeigt das **Städtische Museum Abtshof** viele Flämingtrachten und eine Ausstellung über Jüterbogs Zeit als Garnisonsstadt 1832–1994. Ein Diorama mit 2000 Zinnfiguren lässt die Schlacht vom 6. September 1813 zwischen Preußen und Frankreich bei Dennewitz lebendig werden (Planeberg 9, Di–Do, Sa, So 13–16 Uhr).

Durch die Kleine Kirchstraße kommt man zur **Nikolaikirche** (14./15. Jh.), deren *Doppelturmanlage* mit den unterschiedlichen Turmhelmen Wahrzeichencharakter hat. Hervorragende Stadt- und Flämingblicke bietet oben die luftige Aussichtsplattform. Vor dem Gotteshaus soll 1517 der Dominikanermönch Johannes Tetzel gerufen haben: »Wenn das Geld im Kasten klingt, die Seele in den Himmel springt.« Die Ablassbriefe waren für Luther der Anlass, im nahen Wittenberg seine 95 Thesen anzuschlagen. Seine Einnahmen bewahrte Tetzel in einer eisenbeschlagenen *Truhe* auf, die sich im Kircheninneren befindet. Zu den vielen wertvollen Ausstattungsstücken zählen ein spätgotischer *Taufstein*, ein fialengeschmücktes *Sakramentshaus* von 1507, der gemalte *Flügelaltar* mit der ›Beweinung Christi‹ aus der Cranach-Schule sowie der vieltürmige *Orgelprospekt*. Ein wahres Schatzkästlein aber ist die *Südkapelle* mit ihrer sehenswerten Ausmalung von 1447 – florale Ornamente und Heilige vom Feinsten!

Spätgotische Wandmalereien gibt es auch in der **Jacobikirche** (13. Jh.) außerhalb des historischen Stadtkerns im Ortsteil Neumarkt zu bewundern.

Nördlich von Jüterbog verläuft die Fläming-Skate, Deutschlands längste Asphaltpiste zum Skaten und Radfahren. Den 100 km langen und 3 m breiten Rundkurs säumen 17 individuell gestaltete Rastplätze.

Ausflug

Im Wildpark Johannismühle in Klasdorf (35 km östlich von Jüterbog) leben auf etwa 90 ha großem umfriedeten Gelände über 400 Tiere. Hirsche, Rehe und Ziegen streifen frei im Gelände, andere sind in Großgehegen untergebracht. Bis 1994 gehörte das Gelände überwiegend zum Jagdrefugium des Oberkommandierenden der russischen Streitkräfte, dessen Datsche heute noch mitten im Park steht. Die Rundwege durch den Park haben eine Länge von 3,2 km und 1,8 km (Mai – Sept. tgl. 10 – 18 Uhr, Okt. – April bis 16 Uhr, 15. Nov. – 1. Jan. geschlossen).

Von Klasdorf sind es lediglich 3 km bis Glashütte. 1716 nahm hier eine Glashütte die Produktion auf und rundherum entstand ein noch heute beeindruckendes Bauensemble (19. Jh.) im einheitlichen Stil. 1980 endete die Produktion, Heimatfreunde retteten das technische Denkmal vor dem Verfall und machten das verträumte Glashütte zu einem Museumsdorf mit Glasbläserei, Glasmuseum und Töpferei mit Café (April – Okt. Di – So 10 – 18 Uhr, Nov. – März 10 – 16 Uhr).

TOP TIPP Eine Geschichtslektion bekommt der Besucher in **Dennewitz** (7 km südwestlich von Jüterborg), wo am 6. September 1813 eine bedeutende Schlacht gegen Napoleon stattfand. Neun *Denkmäler* erinnern an den Kampf, bei dem 50 000 Mann der preußischen Armee unter den Generälen Bülow und Tauentzien 70 000 Mann der französischen Truppe vernichtend schlugen. Auf einer Anhöhe zwischen Dennewitz und Niedergörsdorf wurde bereits 1817 das erste Denkmal auf Order des preußischen Königs errichtet, ein gusseiserner *Obelisk* nach einem Entwurf von Karl Friedrich Schinkel.

Praktische Hinweise

Tel.-Vorwahl Jüterbog: 0 33 72

Information: Stadtinformation, Markt 21, Tel./Fax 46 31 13

Hotel

* **Hotel Zum Goldenen Stern**, Markt 14, Tel. 40 14 76, Fax 40 16 14. Zentrale Lage, individuell eingerichtete Zimmer.

Restaurant

Gasthaus Schmied zu Jüterbog, Markt 12, Tel. 40 45 80. Rustikales Ambiente, auch echtes Schmiedewerkzeug ist vorhanden.

Dem Helden der Schlacht von Dennewitz – Denkmal für General von Bülow

60 Dahme (Mark)

Kleinstadtidyll am Flüsschen Dahme.

Das Städtchen liegt eingebettet zwischen den östlichen Ausläufern des Niederen Fläming und den Höhen des Lausitzer Grenzwalls. Schon von weitem grüßt, die Stadtsilhouette prägend, der üppig verzierte Turm des backsteinernen **Rathauses** (1893/94) – eines der schönsten in Brandenburg. Seine prächtigen Neorenaissanceformen dominieren die ohnehin großzügige Bebauung der Hauptstraße, die fast schon großstädtisch wirkt. Am heimeligen Töpfermarkt, nördlich davon, fällt ein stattliches, geometrisch reich gegliedertes Fachwerkhaus (1796) auf, das heute Sitz des **Heimatmuseums** ist. Dieses vermittelt viel zur Geschichte des Fläming, u. a. erfährt der Besucher, dass Dahme im Dreißigjährigen Krieg Wallenstein wiederholt als Hauptquartier gedient hatte, dass die Stadt 1635–1815 unter sächsischer Verwaltung stand und dass einst die Zigarrenproduktion ein wichtiger Erwerbszweig war. Es gibt auch schöne Volkstrachten zu bestaunen und viele Informationen über den Blaudruck, der in der hiesigen Volkstracht große Bedeutung hat – ein spezielles, vor allem im 18./19. Jh. blühendes Verfahren zum Bedrucken von Stoffen (Töpferstr. 16, Mai – Okt. u. bei Sonderausstellungen Di – Fr 9 –12 u.

![Fachwerk des Heimatmuseums von Dahme]

Rechteckstudien kann man am Fachwerk des Heimatmuseums von Dahme betreiben

13–16 Uhr, So 14–17 Uhr). Ihre gelängte Turmhaube weist den Weg zur gotischen, vielfach umgebauten und erweiterten Stadtkirche **St. Marien**, die mit einer *Spätrenaissancekanzel* und drei prachtvollen *Kronleuchtern* (17. Jh.) eine wertvolle Innenausstattung besitzt. Von hier führt die Geschwister-Scholl-Straße zur Ruine des **Barockschlosses** (1713–19), Dahme war nämlich 1657–1756 Residenz der Herzöge von Sachsen-Weißen-

Ein Spalier Leichtbekleideter des 18. Jh. schmückt den Park von Schloss Wiepersdorf

fels. Von der Anlage blieben lediglich ein Kavaliershaus und ein Fachwerkgebäude erhalten. Der barocke **Schlosspark** wurde 1924 umgestaltet, seit 1903 existiert hier ein Gehege mit Damwild. Entlang der in großen Teilen erhaltenen **Stadtmauer** (13./14. Jh.), die überwiegend aus Raseneisenstein errichtet wurde, laden Promenaden zum Spaziergang ein. Als einziges Relikt der beiden Stadttore blieb der **Vogelturm** am westlichen Ende der breiten Hauptstraße stehen.

Ausflug

Wiepersdorf (12 km westlich von Dahme; Richtung Jüterbog in Nonnendorf links ab) würde kaum einer kennen, hätte sich nicht 1814 im kleinen *Barockschloss* das Dichterpaar Bettina (geborene Brentano) und Achim von Arnim niedergelassen. Beide liegen im nahen Friedhof neben der Kirche begraben. Das Schloss diente zu DDR-Zeiten Schriftstellern als Erholungs- und Arbeitsstätte, Anna Seghers, Christa Wolf, Arnold Zweig und viele andere weilten hier. Als Künstlerhaus Schloss Wiepersdorf ist es heute Kreativwerkstatt für junge Künstler aus aller Welt. Ein kleines Museum dokumentiert Leben und Werk der Armins (Sa, So 14–16.30 Uhr). Den öffentlich zugänglichen *Park* hat der Maler Achim von Arnim, ein Enkel des Schriftstellerpaares, neobarock umgestaltet und mit Plastiken des 18. Jh. versehen.

Tel.-Vorwahl Dahme (Mark): 03 54 51

Information: Tourist-Information, Töpferstr. 17, Tel./Fax 9 15 55

Restaurant
Klostergewölbe, Am Kloster 3, Tel. 9 10 51. Regionaltypische und internationale Küche in historischem Gemäuer.

61 Wünsdorf

Vom abgeriegelten Militärstandort zur grünen Wohn- und Kulturstadt.

Jahrzehnte war die B 96 nahe bei Berlin gesperrt. Es musste ein kilometerlanger Umweg über Mellensee und Klausdorf genommen werden, weil die östliche Siegermacht des Zweiten Weltkriegs Wünsdorf bis 1994 besetzt hielt.

Die **militärische Geschichte** des Ortes beginnt 1906, als der Generalstab des kaiserlich-deutschen Heeres im Raum Zossen-Wünsdorf einen Truppenübungsplatz anlegen ließ. Vor allem in den Jahren 1934/35 entstanden zahlreiche Kasernen. 1939–45 befand sich in Wünsdorf das **Oberkommando des deutschen Heeres**, dessen riesige *Bunkeranlagen* mittlerweile zu besichtigen sind (Führungen Mo–Fr 14 Uhr, Sa/So 12–16 Uhr). Am 21. April 1945 besetzten Einheiten der Sowjetarmee das Militärgelände, denen auch die **Nachrichtenzentrale Zeppelin** mit den modernsten technischen Einrichtungen der damaligen Zeit in die Hände fiel. Die Sowjets machten Wünsdorf zur **Kommandozentrale** für ihre in Deutschland stationierten Truppen. Sie erweiterten das Militärgelände erheblich, beschlagnahmten zahlreiche Villen, erbauten einen neuen **Kasernenkomplex** sowie westlich der B 96 die Wohnsiedlung **Tschitschendorf**. Die Militär-Turnanstalt mit einer damals sehr modernen Schwimmhalle an der Straße nach Töpchin, in der sich deutsche Sportler auf die Olympischen Spiele 1936 vorbereiteten, nutzten die Sowjets als **Haus der Offiziere**. Es war das kulturelle Zentrum der Garnison, die zuletzt etwa 900 Bauten für rund 30 000 Armeeangehörige umfasste. Ein **Garnisonsmuseum** beschäftigt sich nun mit dem Leben der russischen Soldaten und Zivilisten (Mo–Fr 13–17, Sa/So 11–17 Uhr). Die nach britischem Vorbild auf dem Gelände entstandene **Bücherstadt** wird ständig erweitert.

Nach Abzug der letzten Truppenteile im September 1994 wurde das 590 ha große Militärgelände östlich von Wünsdorf zur selbstständigen **Gemeinde Waldstadt**, die nach dem Willen der Landesregierung zukünftig eine lebendige Stadt mit etwa 10 000 Einwohnern werden soll. 1997 sprachen sich Waldstadts Einwohner für den Zusammenschluss mit der Gemeinde Wünsdorf aus, im Herbst 1998 fusionierten beide Orte mit dem Dorf Lindenbrück. Der Bürgermeister hat nun seinen Sitz im neuen **Bürgerhaus** genommen, das aus dem ehem. Offiziersheim und späteren russischen Warenhaus an der B 96 hervorgegangen ist.

Heiße Öfen sind im **Motorradmuseum** an der B 96 zu sehen. Ausgestellt sind in einem ehem. kaiserlichen Pferdestall mehr als 80 Motorräder, Mopeds und Motorroller aus der DDR-Produktion, darunter die gesamte Reihe MZ aus den Motorwerken Zschopau (Sa/So 11–18 Uhr).

Booktown

Zahlreiche Antiquariate befinden sich in Wünsdorf. Die Idee, eine Booktown, ein Buchantiquariat von der Größe einer ganzen Ortschaft zu schaffen, hatte in den 60er-Jahren des 20. Jh. der Brite Richard Booth. Im walisischen **Hay-on-Wye** *realisierte er seine Vorstellung, in bestehenden Gebäuden siedelten sich viele Fachantiquariate an, Restaurants und Cafés gesellten sich dazu. Dieses Konzept fand in Belgien, Frankreich, den Niederlanden, der Schweiz, den USA und Japan viele Nachahmer, insgesamt existieren bisher 19 Bücherstädte weltweit. Nun kann man sich auch in* **Wünsdorf** *südlich von Berlin im Angebot des modernen Antiquariats in*

TOP TIPP *einer* **Bücherstadt** *stöbern – in mehr als einem Dutzend Antiquariaten darf bereits geblättert werden, etwa dreißig sollen es einmal werden. Außerdem wird man sich hier auch über den aktuellen Büchermarkt kundig machen können (Do–Mo 10–18 Uhr).*

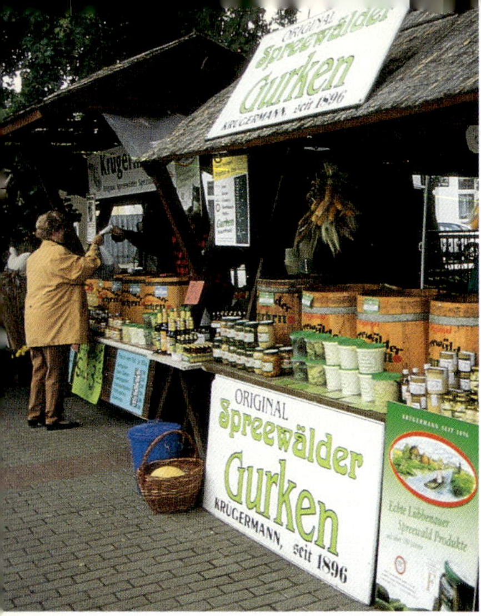
ORIGINAL
Spreewälder
Gurken
KRUGERMANN, seit 1896
ORIGINAL
Spreewälder
Gurken
KRUGERMANN, seit 1896

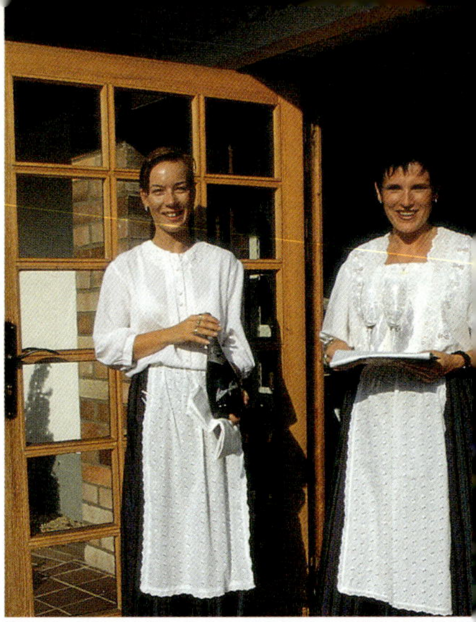

SPREEWALD-MUSEU

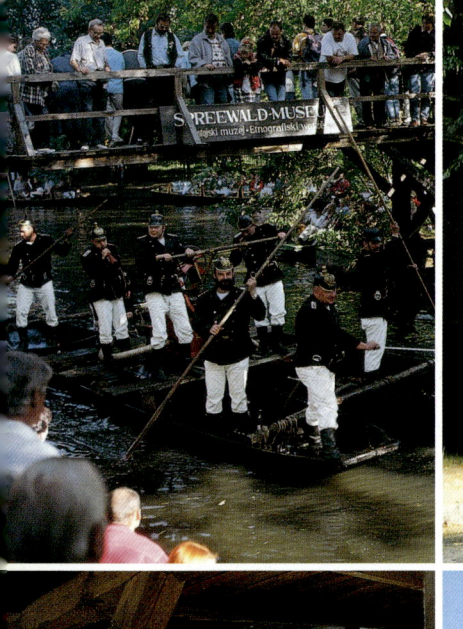

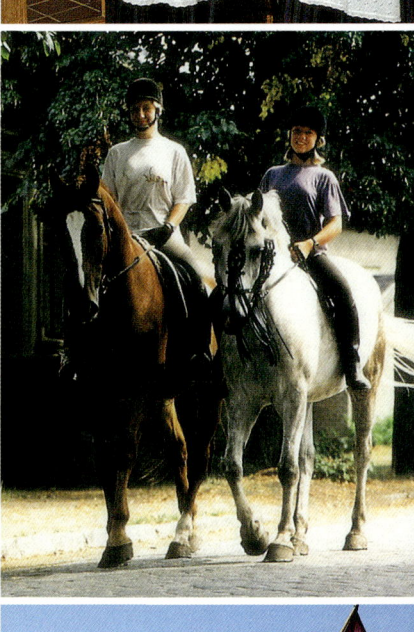

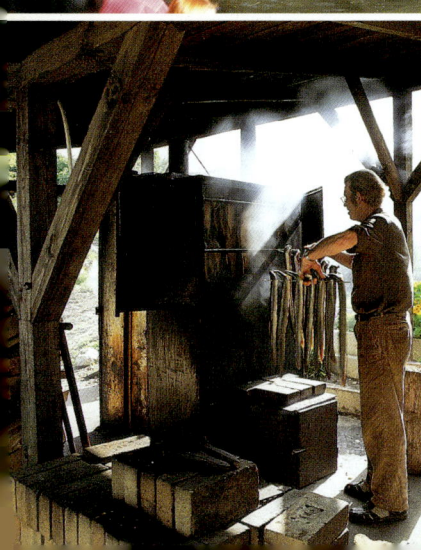

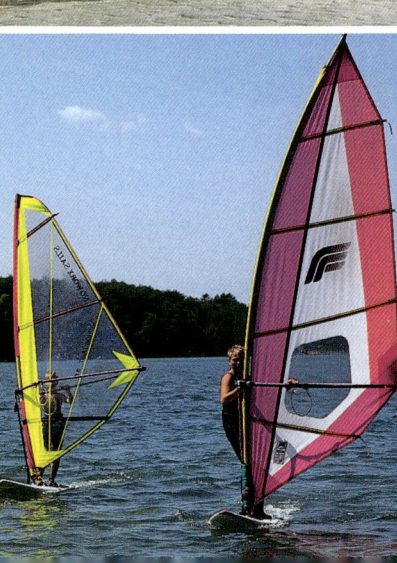

Brandenburg aktuell A bis Z

Vor Reiseantritt

ADAC Info-Service:
Tel. 0 18 05/10 11 12, Fax 30 29 28
(0,12 €/Min.)

ADAC im Internet: www.adac.de

Bei allgemeinen Fragen hilft die
**Tourismus-Marketing Brandenburg
GmbH** mit dem Informations- und
Buchungsservice, Am Neuen Markt 1
(Kabinetthaus), 14473 Potsdam, Tel.
03 31/29 87 30, Fax 2 98 73 28, Inter-
net: www.reiseland-brandenburg.de

Brandenburg im Internet:
www.brandenburg.de

Detaillierte Auskünfte zu den einzelnen Reiseregionen des Bundeslandes
Brandenburg erteilen die **Regional-
verbände**.

Tourismusverband Havelland, Berli-
ner Str. 30, 14712 Rathenow,
Tel. 0 33 85/ 5 51 36 70, Fax 6 61 30 00,
Internet: www.havelland-tourismus.de

**Fremdenverkehrsverein Teltow-
Fläming**, Zinnaer Str. 34, 14943
Luckenwalde, Tel. 03 371/64 35 35,
Fax 64 35 59, Internet:
www.reiseregion-flaeming.de

**Fremdenverkehrs- & Kulturverein
Prignitz**, Wittenbergerstr. 90,
19348 Perleberg, Tel.0 38 76/61 69 73,
Fax 061 69 74, Internet:
www.fremdenverkehr-prignitz.de

**Tourismusverband Ruppiner
Land**, Fischbänkenstr. 8, 16816 Neu-
ruppin, Tel. 0 33 91/35 78 90,
Fax 35 79 07,
Internet: www.ruppiner-reiseland.de

Tourismusverband Uckermark,
Schinkelstr. 32, 17268 Templin,
Tel. 0 39 87/5 21 15, Fax 25 49, Inter-
net: www.guru.de/uckermark

**Tourismusgemeinschaft Barnimer
Land**, Bergerstr. 97, 16225 Eberswalde, Tel. 0 33 34/58 98 40, Fax 5 89 84 20

**Tourismusverband Oder-Spree-
Seengebiet**, Berliner Str. 30,
15848 Beeskow, Tel. 0 33 66/25 33 00,
Fax 25 33 22, Internet:
www.oder-spree-seengebiet.de

Tourismusverband Dahme-Seen, Am
Bahnhof, 15711 Königs Wusterhausen,
Tel. 0 33 75/2 52 00, Fax 25 20 11

Tourismusverband Spreewald,
Lindenstr. 1, 03226 Raddusch,
Tel. 03 54 33/58 10, Fax 5 81 21,
Internet: www.spreewald.de

Tourismusverband Niederlausitz,
Schlossbezirk 3, 03130 Spremberg,
Tel. 0 35 63/60 23 40, Fax 60 23 42,
Internet: www.niederlausitz.de

**Tourismusverband Märkisch-Oder-
land**, Küstriner Str. 65, 15301 Seelow,
Tel. 0 33 46 / 15 07 00, Fax 15 07 01,
Internet: www.mol-t.de

Allgemeine Informationen

Tourismusämter

Fremdenverkehrsämter oder Kurverwal-
tungen der einzelnen Orte sind unter den
jeweiligen ›Praktischen Hinweisen‹ zu

◁ **Oben:** *Verwöhnland – Kulinaria selbst ein-
kaufen oder freundlich in Empfang nehmen*

Mitte: *Gaudiland – Unterhaltung beim
Kahnkorso in Lehde oder aktiv beim Reiten*

Unten: *Wasserland – Surfer freuen sich über
die zahlreichen Gewässer Brandenburgs.
Auch Aale fühlen sich wohl – wenn sie es
denn überleben und nicht geräuchert enden*

finden oder beim Tourismusverband
Land Brandenburg (s. oben) zu erfragen.

Notrufnummern

Polizei, Tel. 110

Feuerwehr, Notarzt, Tel. 112

ADAC-Pannenhilfe,
Tel. 0 18 02/22 22 22

**ADAC-Pannenhilfe in allen Mobil-
funk-Netzen**, Tel. 22 22 22

Autobahn-Notrufsäule, ADAC-Hilfe
verlangen

ADAC-Rettungshubschrauber,
Tel. 110 oder 112

ADAC-Geschäftsstellen:
Ritterstr. 102, 14770 Brandenburg
An der Autobahn 3, 15236 Frankfurt (O.)
Jägerallee 16, 14469 Potsdam

Behinderte

Für Menschen mit Behinderungen bestehen im Land Brandenburg zahlreiche touristische Angebote. Die Tourismus-Marketing Brandenburg GmbH hat einen Reiseführer für Menschen mit Behinderungen herausgegeben, der auf Anforderung zugeschickt wird.

Grenzübergänge nach Polen

Da Polen noch nicht EU-Mitglied ist, müssen Bundesbürger beim Grenzübertritt einen Reisepass vorweisen, für Autos ist neben den üblichen Papieren darüber hinaus die Grüne Versicherungskarte notwendig.

Anreise

Auto

Aus allen Himmelsrichtungen führen Autobahnen auf Berlin zu – A 9 und A 13 aus dem Süden, A 2 aus dem Westen, A 12 aus östlicher, A 24 und A 11 aus nördlichen Richtungen –, die viele der großen in diesem Reiseführer vorgestellten Städte tangieren: Potsdam, Brandenburg, Frankfurt (Oder), Cottbus, Lübbenau, Lübben, Wittstock, Neuruppin. Den Großraum Berlin umgibt in großem Bogen ein Autobahnring.

Umfangreiches **Informations- und Kartenmaterial** können Mitglieder des ADAC in Deutschland kostenlos unter der Tel.-Nr. 0 18 05/10 11 12 (0,12 € /Min.) anfordern.

Bahn

Berlin ist mit dem **ICE** erreichbar, einige Züge halten auch in **Potsdam**.

Fahrplanauskunft:

Deutschland

Deutsche Bahn,
Tel. 1 18 61 (gebührenpflichtig),
Tel. 08 00/ 1 50 70 90 (sprachgesteuert)
Internet: www.bahn.de
Deutsche Bahn AutoZug, Tel.
018 05/24 12 24, Internet:
www.autozug.de

Österreich

Österreichische Bundesbahn, Tel. 05 17 17, Internet: www.oebb.at

Schweiz

Schweizerische Bundesbahnen, Tel. 09 00 30 03 00, Internet: www.sbb.ch

Flugzeug

Berlin hat drei Flughäfen: **Tegel, Schönefeld** und **Tempelhof**. Von allen Flughäfen sind mit öffentlichen Verkehrsmitteln die Fernbahnhöfe rasch erreicht, von denen die Züge in die Umgebung starten.

Schiff

Mit dem Boot im wasserreichen Brandenburg zu schippern ist eine Wonne! Von Berlin aus sind viele Gegenden mit dem eigenen oder gemieteten Sportboot zu erreichen. Reizvoll ist die Anreise mit dem Boot von der Mecklenburger Seenplatte oder von Elbe und Oder aus.

Auskünfte zu Segelhäfen, Schleusen und Anlegestellen erteilt die Tourismus-Marketing Brandenburg GmbH [s. S. 131]

Bank und Post

Bank

In den großen Städten sind fast alle bedeutenden Banken mit Niederlassungen vertreten, die Öffnungszeiten jedoch sehr unterschiedlich. Geldautomaten sind in jeder Stadt vorhanden.

Post

Nur in den größeren Städten sind die Schalter der Postämter Mo–Fr durchgängig geöffnet, am Sa ist entweder gar nicht oder nur für 1 oder 2 Std. offen. In den Dörfern – soweit es eine Poststelle gibt – wird nur stundenweise geöffnet.

Einkaufen

Öffnungszeiten

In den Zentren der größeren Städte haben die Geschäfte wie überall in der Bundesrepublik geöffnet, in den Kleinstädten und den Dörfern wird Mo–Fr zwischen 9 und 10 Uhr geöffnet, geschlossen meist um 18 Uhr, am Sa um 12 oder 13 Uhr. Auf dem Lande, aber auch in Kleinstädten, gibt es oft eine ein- oder zweistündige Mittagspause.

Lebensmittel

Viele **ostdeutsche Produkte** waren nach der Einheit verschwunden, weil sie im Westen unbekannt waren und von den großen Handelsketten nicht ins Angebot genommen wurden. Das hat sich mittlerweile verändert, in den Regalen zwischen Potsdam und Cottbus, Schwedt und Jüterbog stehen wieder viele der alten regionalen Produkte. Wer im **Spreewald** weilt, fährt selten ohne den berühmten *Spreewälder Meerrettich* oder die ebenfalls berühmten *Spreewälder Gurken* nach Hause. In der Gegend von **Werder** wird von den Bauern frisch geerntetes *Obst* am Straßenrand oder auf Märkten angeboten, zur *Spargelzeit* reist man in die **Beelitzer Gegend**, um dort das Edelgemüse frisch gestochen einzukaufen.

Souvenirs

Beliebt sind **Spreewälder Trachtenpuppen** sowie kunstvoll verzierte und **bemalte Ostereier**. **Blaudruck**, der traditionell zur Tracht der Sorben gehört, wird in den meisten Spreewalddörfern angeboten. *Brot-* und *Zwiebelbeutel* sowie *Tischdecken* aus Blaudruckstoff sind als Souvenir geschätzt. In der Spreewaldgemeinde Burg arbeitet noch ein **Holzpantoffelmacher**, der die Pantinen auf Wunsch jedem Fuß anpasst.

Gern gekauft werden seit jeher **Keramiken**. Künstlerisch anspruchsvolle Ware entsteht in Marwitz bei Velten und in Rheinsberg, wo es zwei Keramikhersteller gibt. In Neuruppin sind attraktive Nachdrucke der berühmten **Bilderbogen** zu erhalten, die jahrzehntelang von der Kleinstadt aus ihre Reise in die Welt antraten. In Potsdam werden gern **Kassetten** mit ›Das Glockenspiel der Garnisonkirche zu Potsdam‹ sowie ›Märsche und Kammermusik am Hofe Friedrich des Großen‹ gekauft. Das Angebot an **Bildbänden** ist überall groß, Theodor Fontanes ›**Wanderungen durch die Mark Brandenburg**‹ hat jede Buchhandlung in ihrem Angebot.

Essen und Trinken

1756 erließ Friedrich der Große einen Befehl, mit dem er die Bauern zwang, **Kartoffeln** als Grundnahrungsmittel anzubauen. Die ersten sollen im Fläming in die Erde gekommen sein. Von hier aus begann angeblich der Siegeszug des Erdapfels durch die Länder des späteren Deutschlands. Wen wunderts da noch, wenn in Brandenburg Kartoffeln zum Hauptgericht gehören. In der *Uckermark* allerdings wird mancher Gast überrascht sein, wenn er nach bejahter Kellnerfrage »Mit Nudeln?« später Kartoffeln auf dem Teller findet. In dieser Ecke nordöstlich von Berlin werden die Erdäpfel ›Nudel‹ genannt, warum, das vermag keiner so recht zu sagen. Fakt ist: Die Uckermärker mögen Kartoffeln und deshalb stehen ›Nudel‹-Gerichte in vielen Varianten auf den Speisekarten, in den ersten Oktoberwochen finden sogar **Uckermärkische Nudelwochen** statt.

Zu DDR-Zeiten war die Küche oft eintönig, es fehlte der Wettbewerb, es fehlte aber vor allem an den erforderlichen Zutaten. Die Köche konnten in die Kochtöpfe und Pfannen nur geben, was ihnen zugeteilt wurde. Das hat sich geändert. Neben Internationalem kommt nun spezifisch Regionales aus den Küchen, vielfach zubereitet nach alten Familienrezepten. Klar, dass im wasserreichen Brandenburg frisch gefangener **Fisch** auf den Tellern dominiert. Jede Region hat so ihre Besonderheiten. In der Peitzer Gegend beispielsweise gilt der *Karpfen* als Klassiker, im Spreewald der *Hecht*. Was darüber hinaus noch ›typisch spreewälderisch‹ ist, belegt folgender alter Spruch: ›Was macht den Spreewälder stark, **Leinöl** und **Quark**‹. Um Beelitz mundet im Mai und im Juni der **Spargel**, der in diesem traditionsreichen Anbaugebiet prachtvoll wächst. **Suppen**, aus Fisch, Gemüse oder Kartoffeln hergestellt, sind in allen Regionen schmackhaft.

Im Fläming, vor allem zur Fastnachtzeit, gibt es nachmittags **Klemmkuchen**. Das Backutensil, das Klemmeisen, gab dem knusprigzarten Backwerk seinen Namen. Noch warm wird der Klemmkuchen zu einer Tüte oder Rolle geformt und meist mit Sahne gefüllt. Das **Fürst-Pückler-Eis**, aus mehreren unterschiedlichen Schichten halbgefrorener Sahne hergestellt, hat in der Heimat des Fürsten jede gute Konditorei im Angebot.

Man trinkt viel **Bier** in Brandenburg. Überregional bekannt wurde der Gerstensaft aus der Neuzeller Klosterbrauerei. Auf der ›Grünen Woche‹ in Berlin wurde er als bestes Brandenburger Bier

---

ausgezeichnet. Die zu DDR-Zeiten eintönige Bierlandschaft hat sich belebt, wieder entdeckt wurde etwa das Dunkle mit dem grobschlächtigen Namen ›Mord und Totschlag‹. Im späten Mittelalter lieferten es die Kyritzer bis nach Hamburg und Lübeck, später geriet es in Vergessenheit. Vor kurzem fand man das alte Rezept in verstaubten Folianten, seitdem wird es erfolgreich in der Brauerei in Dessow produziert.

Und sollte jemand zu viel oder zu fett gegessen haben, so greife er zum Kräuterlikör **Zinnaer Klosterbruder**, der eine wohltuende Wirkung ausübt.

Einige Spezialitäten

Grüner Aal in Marinade: Gehäuteter, im siedenden Gewürzsud gegarter und in Marinade **eingelegter Aal**.

Havelzander mit Meerrettichbutter: Zanderstücke in Brühe gegart, die mit in zerlassener Butter eingerührtem Meerrettich **begossen werden**.

Hecht in Spreewaldsoße: Im Wurzelsud gegarte Hechtstücke, serviert werden sie mit der aus dem Sud, Buttermilch, Sahne und Bier hergestellten Soße.

Hefeplinsen: Goldbraun gebackene, mit zerlassener Butter beträufelte Eierkuchen, bestreut mit Zucker und Zimt oder mit Konfitüre bzw. Pflaumenmus bestrichen.

Kartoffelsuppe: Fleischbrühe mit Kartoffelstückchen, Speck, Zwiebel, Suppengrün und gerösteten Weißbrotwürfeln.

Märkisches Kotelett: In Mehl gewälzte gebratene Koteletts auf Kartoffelpuffern angerichtet.

Quark mit Leinöl: Mit Milch, Petersilie, Salz, Pfeffer und Kümmel angerührter Quark, in einer eingedrückten Vertiefung fein gehackte Zwiebel mit Leinöl darüber, dazu Pellkartoffeln.

Wels in Sauer-Sahne-Soße mit Meerrettich: In runde Portionsscheiben geschnittener gegarter Wels mit einer Soße aus Meerrettich und saurer Sahne.

Feste und Feiern

Feiertage

Gesetzliche Feiertage sind Neujahr, Karfreitag, Ostermontag, 1. Mai (Tag der Arbeit), Himmelfahrt, Pfingstmontag, 3. Oktober (Tag der Deutschen Einheit), 31. Oktober (Reformationstag – in Berlin kein Feiertag!), 1. und 2. Weihnachtsfeiertag.

Feste

Brandenburger feiern viel und oft. Vor allem vom Frühjahr bis zum späten Herbst finden zahlreiche Feste und Märkte statt: **Dorf-, Sommer-, Herbst-, Ernte-, Schützen-, Reiterfeste** und im Dezember dann **Weihnachtsmärkte**. In einigen Regionen ist das Abbrennen des **Osterfeuers** und das Aufstellen der **Maibäume** üblich. In der Heimat der Sorben bestimmen deren Volksbräuche den Jahresablauf. Ein beliebter sorbischer Brauch ist das **Hahnrupfen**, bei dem Reiter versuchen, im Galopp nach einem hoch hängenden Hahn zu greifen. Viele Feste und Märkte haben eine lange Tradition, so der **Martinimarkt** in Neuruppin. Am Martinstag, dem 11. November, waren Pacht und Zins zu zahlen. An diesem Tag war man also eine Menge Belastungen los, konnte unbeschwert auf die kommenden Monate schauen. Zum anderen erhielten an diesem Tag die Mägde und Knechte ihren Lohn für die vergangenen Erntewochen gezahlt. Also Grund genug, sich zu amüsieren, sich einzukleiden. Der Martinimarkt bot dazu reichlich Möglichkeiten; 1655 fand er erstmals statt, nachdem der Kurfürst das Privileg erteilt hatte.

Die einzelnen Tourist-Informationen geben Auskünfte über Veranstaltungen und Termine in ihrem Gebiet.

April
Baumblütenfest: Traditionelle Festmeile und Baumblütenball in *Werder* am Ende des Monats.

Mai
Flottenparade: Mit ›Leinen los!‹ starten die *Potsdamer* Fahrgastschiffe Anfang des Monats in die Saison.

Juni
Brandenburger Landpartie: Beim Tag des offenen Hofes am 2. Wochenende lassen sich Landwirte über die Schulter schauen, um zu zeigen, wie sie das bäuerliche Erbe lebendig halten. Dorffeste und vielerlei Kulturveranstaltungen im ganzen Land.

Hussitenfestspiele: Ein Spektakulum mit Ritterspielen, historischen Gewerken, Bänkelgesängen, Markttreiben und einem Umzug am 2. Wochenende in *Bernau*.

Schleusenfest: Volksmusik und deftiges Essen am 2. Wochenende in *Königs Wusterhausen*.

Sabinchenfest: Viel Trubel um einen schamlosen Verführer am 3. Wochenende nach Pfingsten in *Treuenbrietzen*.

Hafenfest: Traditionelles Handwerk, Musik und Spezialitäten am 3. Samstag in *Lübben*.

Juli
Bergmannsfest: Riesenspektakel mit Aufmarsch von Bergbauvereinen, Bergkapellen; Jeepfahrten in den Tagebau, Bootskorso und Feuerwerk am 1. Wochenende im *Rüdersdorfer* Museumspark.

Altstadtfest: Allerlei Betriebsamkeit am 1. Wochenende in *Kyritz*.

Burgfest: Mittelalterliches Burgspektakel am 2. Wochenende auf der *Burg Rabenstein*.

August
Fischerfest: Mittelalterliches Schauspiel, Spiel und Sport am 2. Wochenende in *Peitz*.

Klosterspektakel: Buntes mittelalterlichen Markttreiben am 2. Wochenende in *Kloster Zinna*.

Hafenfest: *Brandenburgs* Innenstadt bietet am 3. Wochenende buntes Markttreiben, Sportaktionen an und auf dem Wasser sowie Tanz, Musik und Feuerwerk werden geboten.

Heimat- und Trachtenfest: Der prachtvolle Trachtenumzug mit mehr als 1000 Mitwirkenden bildet den Höhepunkt des Festes am letzten Wochenende in *Burg*.

Sängerfest: Chorkonzerte und Festumzug zweijährlich (wieder im Jahr 2002) am letzten Wochenende in *Finsterwalde*.

September
Hengstparaden: An vier Sonntagen auf dem Turnierplatz des Gestüts in Neustadt/Dosse.

Stadtmauerfest: Vielseitige Darbietungen am 2. Wochenende in *Templin*.

Spreewaldfest: Der traditionelle Kahnkorso bildet den Höhepunkt des Festes am 3. Wochenende in *Lübben*.

Oktober
Töpfermarkt: Kunstkeramiker und Töpfermeister aus mehreren Bundesländern präsentieren ihre Erzeugnisse am 2. Wochenende in *Rheinsberg*.

Fischerfest: Die Fischer in *Schlepzig* nehmen am letzten Wochenende das Abfischen der Teiche vor.

November
Martinimarkt: Oldtimermarkt, Pferdemarkt und vieles mehr in *Neuruppin*.

Klima und Reisezeit

Das Klima im Reisegebiet ist überwiegend mild, Neuruppin hat eine Jahresdurchschnittstemperatur von 8,3 °C. Mit **Niederschlagsmengen** zwischen 470 und 650 mm im Jahr gehört das Bundesland Brandenburg nicht zu den regenreichsten in Deutschland. Durch die üppige Pflanzenwelt und die geringe Industrialisierung in vielen Gegenden Brandenburgs ist die **Luft** besonders sauerstoffhaltig und rein.

Reisezeit ist das ganze Jahr über, denn auch Frühjahr, Herbst und Winter haben ihre Reize. In fast allen Reiseregionen finden sich selbst in den Ferienmonaten ruhige Plätze. Lediglich in den traditionellen Kahnabfahrtsorten im **Spreewald** geht es vor allem an den Sommerwochenenden sowie zu Pfingsten betriebsam zu.

Kultur live

Fast täglich finden **Konzerte** statt, musiziert wird in Dorfkirchen, Klöstern, Herrenhäusern, Schlössern sowie unter freiem Himmel. Auf dem Programm stehen historische Vokalmusik ebenso wie Streichquartette, Opernaufführungen und zeitgenössische Musik. Auch **Theater** und **Literatur** werden geboten. Die **Musikakademie Rheinsberg** lädt von Anfang Januar bis Mitte Juni und von Ende August bis Anfang Dezember jeden Sonnabend zu Konzerten ins Schloss. Die einzelnen Tourist-Informationen geben Auskünfte und Veranstaltungstipps.

Februar/März
Frankfurter Festtage der Musik: Sinfonische und chorsinfonische Konzerte beiderseits der Oder.

April
Potsdamer Hofkonzerte Sanssouci: Die Reihe (bis Dezember) widmet sich der Pflege preußischer Hofkultur, aber

auch der Moderne. Hauptveranstaltungs-ort ist das Schlosstheater im Neuen Palais.

Mai
Klassik im Grünen: Sommerliche Konzertreihe (bis August) im Schlosspark Buckow in der Märkischen Schweiz.

Lehniner Sommermusiken: Viel besuchte Konzertreihe (bis September) in der Zisterzienserklosterkirche, die eine sehr gute Akustik aufweist.

Juni
Angermünder Sommerkonzerte: Organisten aus vielen Ländern konzertieren bis September auf der Wagnerorgel in der Marienkirche zu Angermünde.

Caputher Musiken: Klassik und Jazz in dem kleinen Ort am Templiner- und Schwielochsee.

Choriner Musiksommer: Klassische Musik in der Klosterruine.

Fläming-Festival Jüterbog: Chöre und Solisten bieten, umrahmt von mittelalterlicher Baukunst, vielfältige Konzerte.

Musikfestspiele Potsdam-Sanssouci: Konzerte mit namhaften Orchestern und bekannten Solisten in und vor berühmten Schlössern.

Juli
Frankfurter Kleist-Festtage: Dem in der Oderstadt geborenen Dichter gewidmet. Verschiedene künstlerische und wissenschaftliche Veranstaltungen.

Jazzfest Swingin' Brandenburg: Die Steinstraße in der Innenstadt verwandelt sich Mitte des Monats zu einer Jazzmeile.

Juli/August
Brandenburgische Sommerkonzerte – Klassiker auf Landpartie: Musik an landschaftlich schönen Orten.

Kammeroper Schloss Rheinsberg: Ein internationales Festival zur Förderung junger Sänger.

Internationaler Orgelsommer Potsdam: Namhafte Organisten aus dem In- und Ausland konzertieren bis September auf den Orgeln in der Erlöser- und der Friedenskirche.

August/September
Uckermärkische Musikwochen: Das Zusammenspiel von Musik, Natur und Architektur sind charakteristisch für diese Veranstaltungsreihe mit Konzerten in schönen Kirchen, Schlössern und Herrenhäusern.

Oktober
Festival Alter Musik in Bernau: Hervorragende Solisten, Chöre und Orchester spielen und singen; ein Rahmenprogramm mit Kunst- und Büchermarkt sowie Kirchenführungen ergänzt das Festival.

Kuren

Das Kur- und Bäderwesen hat in Brandenburg eine mehr als 300-jährige Tradition. Nach der Einheit wurden vorhandene Kliniken modernisiert, andere neu erbaut. Gekurt werden kann in mehr als zwei Dutzend Orten.

Auskunft: Brandenburgischer Kurorte- und Bäderverband, Lindenstr. 9, 19336 Bad Wilsnack, Tel./Fax 03 87 91/22 37

Museen, Gedenkstätten, Kirchen

Die Museumslandschaft ist reich, mehr als 150 Museen und Gedenkstätten werden im Land unterhalten. Die Palette ist vielgestaltig, sie reicht von der kleinen Heimatstube über Memorial- bis zu Kunstmuseen. Der letzte Einlass liegt bei den meisten **Museen** etwa 30 Min. vor der Schließzeit und der Montag ist meist Ruhetag. In Potsdam schließen etliche **Schlösser** im Herbst und öffnen erst wieder im Frühjahr, auch in anderen Gegenden haben Museen über Winter geschlossen.

In **Sachsenhausen** und **Ravensbrück** erinnern Gedenkstätten an das dunkelste Kapitel deutscher Geschichte.

Wer **Kirchen** besichtigen will, muss meist nach dem Schlüssel fragen.

Naturschutzgebiete

Zum Bundesland Brandenburg gehören der **Nationalpark Unteres Odertal** (105 km^2), die **Biosphärenreservate** *Schorfheide-Chorin* (1291 km^2), *Flusslandschaft Elbe* (davon 539 km^2 in Brandenburg) und *Spreewald* (484 km^2) sowie die **Naturparks** *Barnim* (650 km^2), *Hoher Fläming* (827 km^2), *Märkische Schweiz* (205 km^2), *Niederlausitzer Landrücken* (582 km^2), *Niederlausitzer Hei-*

delandschaft (484 km²), *Schlaubetal* (227 km²), *Nuthe-Nieplitz* (623 km²), *Westhavelland* (1315 km²), *Dahme-Heideseen* (594 km²) und *Uckermärkische Seen* (895 km²).

In den Naturschutzgebieten ist der Mensch Gast der Natur. Totalreservate (Schutzzone I) dürfen nicht betreten werden, in den Schutzzonen II ist das Sammeln von Beeren, Pilzen, Kräutern und Mineralien verboten, Tiere sind nicht zu beunruhigen, die Wege nicht zu verlassen. Zu angeln oder Hunde frei laufen zu lassen ist ebenfalls nicht erlaubt.

Auskunft: Zentraler Ansprechpartner für Brandenburgs Schutzgebiete ist die Landesanstalt für Großschutzgebiete, Haus am Stadtsee 2–4, 16225 Eberswalde, Tel. 0 33 34/5 82 20, Fax 58 22 44, Internet: www.grossschutzgebiete.brandenburg.de.

Sport

Das üppige Sportangebot nimmt immer noch zu. Tennisanlagen, Kegel- und Bowlingbahnen sind reichlich vorhanden. Neue **Golfplätze** in Prenden, Bad Saarow-Pieskow und Motzen bieten Schnupper- und Intensivkurse an. Besonders abwechslungsreich sind die **Wassersportmöglichkeiten** vom Frühjahr bis zum Herbst: Baden, Schwimmen, Paddeln, Rudern, Surfen, Segeln, Wasserski und Tauchen. Im Winter wird auf den zugefrorenen Wasserflächen Schlittschuh gelaufen. Auch Fallschirmspringen und Ballonfliegen sind möglich.

Reich ist auch das Angebot an **Wettkämpfen**: Auf der *Regattastrecke* des Beetzsees bei Brandenburg finden internationale Konkurrenzen statt, auf dem *Golfplatz* in Motzen Turniere, auf der *Galopprennbahn* in Dahlwitz-Hoppegarten sind schnelle Pferde zu bewundern und die *Fußballmannschaft* Energie Cottbus hat schon bundesweit für Furore gesorgt. **Auskunft** erteilen die Tourist-Informationen.

Angeln

Von Aal bis Zander wird in den Seen fast alles gefangen, Hecht, Blei und Barsch kommen besonders zahlreich vor. In einigen Zuchtanlagen kann man auch Karpfen und Forellen fangen. In Seen mit besonders guter Wasserqualität schwimmt sogar die Maräne. Freier Fischfang ist jedoch nicht gestattet, wer angeln möchte, hat einen **gültigen Fischereischein** vorzulegen und eine **Angelkarte** zu erwerben. Die wird vom Eigentümer, Pächter oder Fischer ausgestellt. Wer ohne diese Dokumente angelt, begeht Fischwilderei und macht sich strafbar.

Baden

Viele brandenburgische Seen haben **Badestellen** oder beaufsichtigte Freibäder. In fast allen kann bedenkenlos gebadet werden. Während der Badesaison von Mai bis September werden an den offiziellen Badestellen im Abstand von zwei Wochen Wasserproben entnommen und nach den EU-Normen überprüft. Sollten die Grenzwerte überschritten werden, sperrt das zuständige Gesundheitsamt die Badestelle.

In **Kanälen** und anderen Gewässern mit beträchtlichem Schiffsverkehr ist Baden nicht gestattet. Zu den Schiffsanlegestellen des öffentlichen Verkehrs haben Badende generell eine Distanz von 50 m, ober- und unterhalb von Brücken, Wehren und Schleusen von 100 m einzuhalten.

Spaßbäder oder Thermen gibt es u.a. in Bad Wilsnack, Bad Saarow-Pieskow, Brandenburg/Havel, Eisenhüttenstadt, Fürstenwalde, Lübbenau, Templin und Wittenberge.

Radfahren

Wegen der geringen Höhenunterschiede eignet sich Brandenburgs Landschaft bestens zum Radfahren. Wo es keine Radwege gibt, müssen nicht die Landstraßen benutzt werden, meist kann man auf Feld- und Waldwege ausweichen. Fahrräder stehen in allen größeren Ferienorten zum Mieten bereit, auch viele Hotels leihen sie aus. **Aktuelle Routen** mit genauen Wegbeschreibungen teilen die Tourist-Informationen am Ort mit. Geführte Radtouren durch Potsdam und in die Umgebung bietet z.B. potsdam per pedales e.V., Bahnhof Griebnitzsee, Potsdam, Tel./Fax 03 31/748 00 57, Internet: www.potsdam-per-pedales.de. Eine besondere Art des Radfahrens ist zwischen Templin und Fürstenberg (Havel) oder Töpchin und Mittenwalde möglich – dort warten **Draisinen** auf Gäste.

Aktuell A bis Z

Reiten

In fast allen Regionen haben sich Reiterhöfe etabliert, die Anfängern wie Geübten Reiten anbieten. Reitlehrer stehen oftmals zur Verfügung. Auch Kutschoder Kremserfahrten sind möglich. **Auskunft**: Landurlaub in Brandenburg, Am Rauchfang 6, 14469 Potsdam, Tel. 03 31/50 00 37, Fax 50 08 32.

Wandern

Brandenburgs vielfältige Landschaft ist geradezu prädestiniert für Wanderungen. Die Wanderwege sind ausgeschildert, interessant sind Naturlehrpfade, weil dort viel Wissenswertes vermittelt wird. Die einzelnen Tourist-Informationen haben für ihr Gebiet meist Wanderkarten, Routenbeschreibungen sowie viele Empfehlungen parat.

Wassersport

Da viele Seen miteinander verbunden sind, sind ausgedehnte wie auch höchst vergnügliche **Wasserwanderungen** mit dem eigenen oder einem gemieteten Boot möglich. Tret-, Paddel- und Ruderboote liegen an zahlreichen Seen zum Ausleihen bereit, aber auch Surfbretter und Segelboote können gemietet werden.

Auf allen Kanälen besteht **Segelverbot**, aber mit gelegtem Mast und Motorantrieb sind immer schnell Gewässer erreicht, auf dem die Segel wieder gesetzt werden können. Zu beachten sind die **Geschwindigkeitsbeschränkungen** und die **Fahrverbote** auf den Landesgewässern, die durch rotgelbe Schilder gekennzeichnet sind. **Auskunft**: Wasserschutzpolizei Brandenburg, Tel. 0 33 81/4 04 90.

Im Spreewald ist für das **Schleusen** Selbstbedienung angesagt, was aber nicht problematisch ist. Hinweisschilder sind stets angebracht. An Wochenenden und in der Ferienzeit sind oft Kinder behilflich, die für die Gefälligkeit eine Aufbesserung ihres Taschengeldes erwarten.

Statistik

Lage: Brandenburg wird im Norden von Mecklenburg-Vorpommern, im Süden von Sachsen, im Westen von Sachsen-Anhalt (und minimal von Niedersachsen) sowie im Osten von Polen begrenzt.

Das Land zwischen Elbe und Oder wurde von eiszeitlichen Gletschern aus Skandinavien geformt, die zwei Landrücken hinterließen: im Norden Prignitz, Ruppiner Land und Uckermark, der südliche erstreckt sich vom Fläming bis in die Niederlausitz. Die Schmelzwasser flossen in Urstromtälern (z. B. Baruther Urstromtal) ostwärts ab.

Fläche: Mit rund 29 000 km² ist Brandenburg flächenmäßig das fünftgrößte Bundesland.

Seen und Gewässer: Brandenburg gehört zu den gewässerreichsten Regionen Europas, mehr als 3000 Seen mit einer Fläche von jeweils mindestens einem Hektar bedecken zusammen etwa 2,4 % des Landes. Größter See ist mit 13,8 km² der Scharmützelsee. Die Wasserläufe haben eine Länge von rund 27 000 km, von denen etwa 6500 km mit Paddel-, Ruderoder Segelboot befahren werden können.

Verwaltung: 4 kreisfreie Städte (Potsdam, Cottbus, Brandenburg, Frankfurt) und 14 Landkreise.

Landeshauptstadt: Potsdam (130 000 Einwohner)

Wirtschaft: Über weite Strecken ist Brandenburg landwirtschaftlich geprägt, in der Gegend um Werder wird Obstbau betrieben, um Beelitz gibt es Spargel, im Spreewald Gurken und Gemüse. Ein riesengroßes Problem ist die Arbeitslosigkeit. Die Industrie kommt nur schwer in Gang. Von Bedeutung sind der Braunkohleabbau der Niederlausitz und die Stahlproduktion in Eisenhüttenstadt.

Einwohner: Mit 2,593 Mio. rangiert das Land auf Platz elf unter den deutschen Bundesländer. Besonders dünn besiedelt (mit weniger als 50 Ew./km²) sind die Regionen um Kyritz, Gransee, Templin, Belzig, Jüterbog und das Oderbruch.

Höchste Erhebung ist mit 201 m der Hagelberg westlich von Belzig.

Unterkunft

Bauernhöfe

In allen Regionen kann man Urlaub auf dem Bauernhof und auf Reiterhöfen machen. Oftmals werden auch Aktivitäten zum Selber- und Mitmachen angeboten. Einen **Katalog**, der die Angebote enthält, gibt es gegen eine Schutzgebühr bei: Landurlaub in Brandenburg, Am Rauchfang 6,

14469 Potsdam, Tel. 03 31/50 00 37, Fax 50 08 32, Internet: www.landurlaub-brandenburg.de

Camping

Brandenburg ist ein beliebtes Campingland, viele der Anlagen liegen am Wasser. Die meisten sind von Mai bis Oktober geöffnet, einige auch ganzjährig. Die sommers heiß begehrten Plätze an den Badeseen sollten frühzeitig gebucht werden. Eine Beschreibung akribisch geprüfter Campingplätze bietet der jährlich erscheinende ADAC-Camping-Caravaning-Führer (mit CD-ROM).

Hotels und Pensionen

Das Angebot ist groß, Übernachtungsmöglichkeiten sind in allen Preiskategorien vorhanden. Mittlerweile haben viele namhafte **Hotelketten** Neubauten errichtet oder vorhandene Bausubstanz modernisiert. Auch etliche der für Brandenburg typischen **Schlösser und Herrenhäuser** mutierten zu Hotels. Am Wochenende werden in den Städten oft **Preisnachlässe** gewährt. Von November bis Anfang April, mit Ausnahme Weihnachten und Neujahr, bieten viele gute Hotels das Doppelzimmer für zwei Personen für etwa 55 Euro an, manchmal sogar mit Frühstück.

Jugendherbergen

Voraussetzung für das Übernachten ist der Besitz eines gültigen Ausweises des Deutschen Jugendherbergswerkes (DJH) für Junioren (bis 26 Jahre) oder Senioren (ab 27 Jahre). Jugendherbergen gibt es in: Bad Freienwalde, Brandenburg, Bremsdorf, Buckow, Burg (Spreewald), Chossewitz, Groß Köris, Lanke/Ützdorf, Lübben, Märkisch-Buchholz, Münchehof Raben, Wandlitz. Weitere **Auskünfte**: DJH-Landesverband Berlin-Brandenburg, Tempelhofer Ufer 32, 10963 Berlin, Tel. 0 30/2 64 95 20, Fax 2 62 04 37.

Privatquartiere

In allen Ferienorten sind Privatquartiere im Angebot. Wer kein Schild ›Zimmer zu vermieten‹ sieht, erkundige sich in der nächsten Tourist-Information danach. Die Ausstattung ist sehr unterschiedlich, es empfiehlt sich deshalb, vor der Buchung einen Blick in das Zimmer zu werfen. Ferienwohnungen und -häuser stehen noch nicht zu jeder Jahreszeit ausreichend zur Verfügung.

Verkehrsmittel im Land

Bahn und Bus

Mit der Regionalbahn sind viele Orte zu erreichen, es werden aber immer weniger, denn in den letzten Jahren wurden der Rentabilität wegen etliche Strecken im Land stillgelegt und weitere sollen folgen. **Auskunft** erteilt die Deutsche Bahn.

Reisende, die ihren Brandenburg-Besuch von Berlin aus starten, kommen mit der **S-Bahn** schon ein gutes Stück ins Land hinein, im Norden beispielsweise bis Bernau und Oranienburg, im Osten bis Strausberg, im Süden bis Königs Wusterhausen und im Westen bis Potsdam. **Fahrräder** können sowohl in der S-Bahn als auch in den Regionalzügen mitgenommen werden. Von den S-Bahn-Endhaltestellen starten **Linienbusse** in viele Orte. Es gibt kaum ein Dorf, das nicht mit dem Bus zu erreichen ist, wenn auch manchmal erst nach mehrmaligem Umsteigen und auch nicht zu jeder Tageszeit.

Mietwagen

Mietwagen gibt es in allen größeren Städten. Für Mitglieder bietet die ADAC-Autovermietung GmbH günstige Bedingungen. Buchungen über Tel. 0 18 05/31 81 81 (0,12 €/Min.) oder die ADAC-Geschäftsstellen.

Das Straßennetz in Brandenburg ist dicht, viele Fahrbahnen haben in jüngster Zeit einen neuen Belag erhalten. Vorsichtiges Fahren erfordern die vielen Alleen.

Schiff

Fahrgastschiffe verkehren in der warmen Jahreszeit auf allen größeren Seen, so auf dem Werbellinsee, dem Ruppiner See, dem Schermützel- und Scharmützelsee. Von **Rheinsberg** aus wird kreuz und quer über die Rheinsberger Seen gefahren, es gibt zweistündige Rundfahrten, aber auch Tagesfahrten werden angeboten. Vielfach sind auch längere Schiffsreisen möglich, von **Potsdam** aus bis Berlin oder Brandenburg, eine Attraktion sind hier die speziellen Schlösserfahrten, die sich insbesondere an Kulturinteressierte wenden. Im **Spreewald** gehört natürlich eine Kahnfahrt zum absoluten Muss für jeden Besucher, angeboten werden Kurzfahrten von etwa 2 Std. bis zu Tagestouren, die 8 bis 10 Std. dauern.

Register

Register

Bildnachweis